Matthias Brandt

SELBSTDISZIPLIN

– Mehr Erfolg, weniger Stress –

Wie Sie mit der richtigen Motivation Ihr Mindset trainieren, mehr Geld verdienen und endlich den Erfolg haben, den Sie sich schon immer gewünscht haben

W0407597

JS - Buchvertrieb

Jan Sergienko - Buchvertrieb
Ekhofstraße 31 , D-22087 Hamburg

info@js-buchvertrieb.de

Originale Erstauflage: November 2018
Copyright © by Jan Sergienko - Buchvertrieb

Das Werk einschließlich aller Inhalte ist urheberrechtlich geschützt. Alle Rechte vorbehalten. Nachdruck oder Reproduktion (auch auszugsweise) in irgendeiner Form (Druck, Fotokopie oder anderes Verfahren) sowie die Einspeicherung, Verarbeitung, Vervielfältigung und Verbreitung mit Hilfe elektronischer Systeme jeglicher Art, gesamt oder auszugsweise, ist ohne ausdrückliche schriftliche Genehmigung des Herausgebers untersagt. Alle Übersetzungsrechte vorbehalten.

Haftung für externe Links

Das Buch enthält Links zu externen Webseiten Dritter, auf deren Inhalt der Autor keinen Einfluss hat. Deshalb kann für die Inhalte externer Inhalte keine Gewähr übernommen werden. Für die Inhalte der verlinkten Webseiten ist der jeweilige Anbieter oder Betreiber der Webseite verantwortlich. Die verlinkten Seiten wurden zum Zeitpunkt der Verlinkung auf mögliche Rechtsverstöße überprüft. Rechtswidrige Inhalte waren zum Zeitpunkt der Verlinkung nicht erkennbar. Eine permanente inhaltliche Kontrolle der verlinkten Webseiten ist jedoch ohne konkrete Anhaltspunkte einer Rechtsverletzung nicht zumutbar. Bei Bekanntwerden von Rechtsverletzungen werden derartige Links umgehend entfernt.

Coverbild: Mix and Match Studio / Shutterstock

Druck / Auslieferung: Amazon oder eine Tochtergesellschaft
Independently published

ISBN: 978-1707605682

INHALT

Vorwort

Disziplin gehört zu den Tugenden, die in unserer Welt an Ansehen verloren haben. Glück und Selbstbeherrschung gehen in unserer Vorstellung oft nicht Hand in Hand. Disziplin ist zu einem Begriff geworden, mit dem wir weder Spaß noch Lebensfreude verbinden.

Diesen Begriff verbinden viele mit militärischem Gehorsam. Dabei legen wir alle tagtäglich ein diszipliniertes Verhalten an den Tag, damit unser Zusammenleben funktioniert. Egal, ob wir an einem gesellschaftlichen Abendessen teilnehmen, uns im Supermarkt an der Kasse anstellen oder uns im Autoverkehr – Stets folgen wir vorgegebenen Verhaltensregeln. Der Einzelne schränkt sich ein, damit das große Ganze funktioniert. Halten wir uns an diese Regeln, werden wir zum akzeptierten Teil der Gesellschaft.

In diesem Buch möchte ich Ihnen nun eine Art der Disziplin vorstellen, die Ihnen Möglichkeiten offenbaren wird, statt Sie einzuschränken. Bei der Selbstdisziplin bestimmen Sie selbst die Regeln. Die Stärke der Kontrolle Ihres eigenen Selbst wird maßgeblich über den Erfolg oder das Scheitern Ihres Lebens entscheiden.

Der 1942 geborene Schriftsteller und Heilpraktiker Erhard Blanck sagte einmal: *„Disziplin lernt man nicht beim Militär. Höchstens, sich diszipliniert zu verhalten!“*

Damit hat der Gelehrte den Nagel auf den Kopf getroffen. Diszipliniertes Verhalten folgt einem Kodex, der unser Miteinander regelt.

Selbstdisziplin hingegen ist eine Eigenschaft, die Sie um des eigenen Glückes Willen in Ihr Leben integrieren sollten. Verfolgen Sie zielgerichtet Ihre Wünsche und sind Sie bereit, für die Erfüllung Ihrer Träume Entbehrungen hinzunehmen, werden Sie Erfolg und damit Zufriedenheit erlangen. Norbert von Xanten, ein berühmter Erzbischof, der im elften Jahrhundert lebte, formulierte es so: *„Ein strenges Leben ist reich an Freuden; das glaubt niemand, außer der, der es erprobt.“*

In diesem Buch möchte ich Ihnen zeigen, wie Sie ein selbstdiszipliniertes Dasein auf den Pfad des Erfolges führen wird.

Nach und nach werden Sie beim Lesen der Lektüre erkennen, dass sich die kleinen Opfer im Leben auszahlen. Stehen Sie am Morgen früher auf, eröffnen sich ganz neue Türen für die Gestaltung Ihres Tages. Stellen Sie eigene Bedürfnisse in einer Beziehung hin und wieder zurück, werden Sie eine stabile Partnerschaft aufbauen können.

Übernehmen Sie mehr Verantwortung im Beruf und investieren Sie Zeit in Ihre Weiterbildung, werden Sie mit finanzieller Unabhängigkeit und womöglich dem Job Ihrer Träume belohnt werden.

Eine Studie der Universität Chicago hat sich mit dem Thema Selbstdisziplin und Erfolg beschäftigt. Die Forscher sind zu dem Ergebnis gekommen, dass selbstdisziplinierte Menschen keineswegs nach starren Mustern arbeiten oder sich Tag für Tag unter Druck setzen.

Selbstdisziplin ist vielmehr ein Mittel, um Erfolg zu erlangen. Die Studie hat ergeben, dass selbstkontrollierte Menschen sehr glücklich durchs Leben gehen. Disziplin führt auf direktem Wege zum Erfolg, sowohl im beruflichen als auch im privaten Bereich.

Auch wenn wir einen Blick nach Hollywood werfen, wird schnell klar, was dort das Erfolgsrezept ist. Prominente wie Gwyneth Paltrow zeigen uns einen Lebensstil, der auf absoluter Selbstbeherrschung beruht.

Abgesehen von wenigen Ausnahmen ist den meisten erfolgreichen Menschen das Glück nicht einfach zugeflogen. Die meisten Personen, die sich heute über finanzielle Unabhängigkeit, den Job Ihrer Träume und intakte private Beziehungen erfreuen können, haben mit hoher Selbstdisziplin Ihre Ziele verfolgt.

Sie haben Entbehrungen hinnehmen müssen, um Ihre Wünsche in Erfüllung gehen zu lassen. Nur wer hart arbeitet und Prioritäten setzt, kann seine Träume verwirklichen.

Sowohl in der Philosophie als auch in allen Religionen dieser Welt ist Selbstdisziplin ein zentraler Bestandteil.

Ein taoistischer Spruch besagt: *„Wer andere besiegt, hat körperliche Stärke; Wer sich selbst besiegt, ist stark."*

Im Islam können Sie in einer Schriftensammlung nachlesen: *„Der starke Mann ist nicht der gute Wrestler; der starke Mann ist nur er, der sich selbst kontrolliert, wenn er wütend ist."*

Und im Christentum heißt es: *„Denn Gott hat uns nicht einen Geist der Feigheit geben, sondern den Geist der Kraft und der Liebe und der Selbstdisziplin."*

Selbstkontrolle und Selbstbeherrschung werden in religiösen Vorstellungen mit Stärke gleichgesetzt. Nur derjenige, der Kontrolle über sich selbst hat, ist ein starker Mensch. Auch wenn diese Schriften zum Teil viele Jahrhunderte alt sind, können wir heute noch wichtige Lehren aus ihnen ziehen.

Unvorhergesehene Möglichkeiten tun sich Ihnen auf, lernen Sie jeden Tag mit einem hohen Maß an Selbstdisziplin anzugehen und somit Ihre Chancen voll auszuschöpfen. Denn Kontrolle über das eigene Selbst ist ein entscheidendes Werkzeug, wenn Sie im Leben Ihre angestrebten Ziele erreichen wollen.

Egal, ob Sie abnehmen oder fitter werden wollen, ob Sie eine Beförderung anstreben oder ein eigenes Business eröffnen wollen, ob Sie sich auf dem Weg zu einem Master- oder Doktortitel befinden oder ob Sie die Liebe Ihres Lebens (zurück-)erobern wollen – Ohne das richtige Maß an Selbstdisziplin werden Sie Ihre Vorhaben nicht oder zumindest nicht im vorgenommenen Zeitraum umsetzen können.

Ich möchte Ihnen in diesem Buch zeigen, wie es auch Ihnen gelingt, mehr Selbstdisziplin in Ihren Alltag und Ihre Lebensplanung zu integrieren. Schritt für Schritt können Sie mit der Lektüre Tugenden und Fähigkeiten aufbauen, die Ihnen dabei helfen werden, sich Ihren Lebenszielen stetig zu nähern.

Hamburg 2019, Matthias Brandt

Einleitung

Um unsere Wünsche und Träume realisieren zu können, bedarf es einiger wichtiger Eigenschaften. Je nach Zeitepoche und Sachverhalt existieren verschiedene Tugendkataloge, die auf den Pfad eines erstrebenswerten Lebens führen sollen. Die vier antiken Tugenden sind Gerechtigkeit, Mäßigung, Tapferkeit und Weisheit.

Für das im 18. Jahrhundert aufkommende Bürgertum war es wichtig, Sparsamkeit, Ordnung, Fleiß und Pünktlichkeit in den Alltag zu integrieren, um erfolgreich zu sein.

In unserer Zeit haben Tugenden – genau wie Disziplin – zumeist einen schlechten Ruf. Die meisten Menschen denken bei dem Begriff an preußischen Drill und freudlosen Gehorsam. Doch gibt es Grundeigenschaften, die wir unbedingt in unseren Alltag einbauen sollten, um erfolgreich und glücklich werden zu können.

Ohne Verlässlichkeit lassen sich Beziehungen nur schwer aufrechterhalten. Wer sich nicht an Abmachungen und Verabredungen hält, wird in kurzer Zeit ohne einen Partner und Freunde, womöglich sogar ohne Job dastehen.

Auch Ehrlichkeit, Toleranz und Offenheit sind drei Tugenden, die wir in den Umgang mit unseren Mitmenschen unbedingt integrieren sollten. Doch eine Tugend stand in vergangenen Zeiten und steht meiner Meinung nach auch heute noch ganz weit oben auf der Liste der Glück bringenden, zum Erfolg führenden Eigenschaften. Das ist die Selbstdisziplin.

Sie ist die Grundlage eines erfolgreichen Lebens. Nur wenn wir unseren beruflichen Werdegang oder zwischenmenschliche Beziehungen diszipliniert angehen, können diese erblühen. Vernachlässigen wir unsere Aufgaben und Partnerschaften aus mangelnder Selbstdisziplin, werden diese niemals fruchten.

Fleiß, Selbstbeherrschung, Ordnung, Disziplin – all diese Tugenden klingen weder nach Spaß noch nach purer Lebensfreude.

Schließlich betonen viele Lebensratgeber, wie wichtig es ist, im Hier und Jetzt zu leben und den gegenwärtigen Moment zu genießen. Und dagegen ist nichts einzuwenden. Blicken wir aber stets voller Ungewissheit in die Zukunft oder denken wir zu wenig über unsere Ziele nach, wird es uns niemals gelingen, unsere Träume zu verwirklichen.

Wenn wir Selbstdisziplin und damit verbundene Tugenden wie Fleiß und Aufopferungsbereitschaft in unsere Lebensweise aufnehmen, können wir nicht nur momentane, sondern tiefe und echte Lebensfreude erfahren.

Die Kontrolle des eigenen Selbst ist ein zentraler Schlüssel zu Erfolg und Glück. Die gute Nachricht lautet: Selbstdisziplin ist keineswegs eine angeborene Eigenschaft. Sie ist eine innere Einstellung, die wir erlernen können.

In diesem Buch möchte ich Ihnen Schritt für Schritt zeigen, wie Sie Ihren Lebensweg mit Selbstdisziplin beschreiten und durch dieses Mittel zum Glück finden können. Zunächst einmal müssen Sie sich Ihren Problemen stellen. Nur wenn Sie herausfinden, wo Ihre Defizite liegen, können Sie an diesen arbeiten. Oft ist uns gar nicht bewusst aus welchen Gründen wir scheitern. Gewohnheiten, die uns in einer Routine verharren lassen, haben sich über Jahre eingestellt.

Jetzt ist Ihre Chance, um aus dem alltäglichen Trott auszubrechen und Ihr Leben selbst in die Hand zu nehmen. Ich zeige Ihnen, wie es Ihnen sukzessive gelingt, Ihre Ziele zu erreichen. Auch wenn Sie selbstdiszipliniert an Ihren Zielen arbeiten, kann es zu Rückschlägen kommen. Im Leben läuft nicht immer alles nach Plan. Wenn Sie sich aber von Niederlagen nicht abschrecken lassen und weiter Ihren Zielen nacheifern, können Ihnen Rückschläge nichts anhaben.

In diesem Buch zeige ich Ihnen Methoden, mit deren Hilfe Sie lernen können, mit Niederlagen umzugehen. Ihnen wird bewusst, dass Sie mit den richtigen Maßnahmen aus Misserfolgen sogar *profitieren* können.

Im ersten Teil des Buches werde ich Ihnen die zentralen Eigenschaften vorstellen, mit denen Sie jedes Hindernis, komme es aus Ihrem inneren Selbst oder von außen, überwinden können.

Nach dem Lesen der Lektüre sind Sie bereit, Ihr Leben selbst in die Hand zu nehmen. Sie haben Ihre Ziele klar definiert und sind in der Lage, Stolpersteine aus Vergangenheit und Gegenwart, die Sie immer wieder scheitern lassen, endlich zu eliminieren.

Befolgen Sie die Ratschläge, die ich Ihnen vermittle, können Sie selbstbewusst in die Zukunft blicken und Ihres eigenen Schicksals Schmied werden.

Im zweiten Teil stelle ich Ihnen Hilfsmittel vor, mit denen Sie die vorgenommenen Ziele erreichen können. Sie können sich Selbstdisziplin wie einen Muskel vorstellen. Wird sie nicht benutzt, wird sie niemals stark werden. Wird sie aber tagtäglich und in immer höheren Stufen trainiert, kann sie sich zu einem kraftvollen Instrument entwickeln.

Bereits am Morgen können Sie mit einer ambitionierten Einstellung und zielgerichteten Gewohnheiten an Ihren Zielen arbeiten. Eine Morgenroutine ist der Grundstein eines selbstdisziplinierten Lebens. Darüber hinaus zeige ich Ihnen, wie Sie Ihre Ziele nicht aus dem Fokus verlieren, sowie mit Fleiß und Ausdauer auf Ihr Glück zusteuern können, ohne sich zu überarbeiten.

Um Ihnen die Notwendigkeit der Selbstdisziplin weiter zu verdeutlichen, offenbare ich Ihnen ein Blick ins Leben der Super-Erfolgreichen. Ich habe die Gewohnheiten von Unternehmern, Hollywood-Sternchen, erfolgreichen Musikern, Sportlern und Politikern genau unter die Lupe genommen.

Super-Erfolgreiche verfolgen in vielerlei Hinsicht ein einheitliches Konzept, um zu Ihren Zielen zu gelangen. Ich werde meine Beobachtungen mit Ihnen teilen und Ihnen verraten, wie Sie vom Erfolgsrezept von Mark Zuckerberg, Jennifer Aniston und Barack Obama profitieren können.

Auch in der digitalen Welt existieren zahlreiche Hilfestellungen, die Sie nutzen können, um selbstdiszipliniert Ihre Ziele zu verfolgen. Ich stelle Ihnen die wichtigsten Hilfsmittel zu den Themen Fitness, Finanzen und Weiterbildung vor. Denn das sind drei der Grundpfeiler andauernden Erfolgs.

Am Ende werde ich Sie darauf aufmerksam machen, wo Sie die Grenzen Ihrer Strebsamkeit setzen sollten. Millionen von Deutschen leiden an psychischen Störungen, die durch Überbelastung hervorgerufen werden.

Wenn es Ihnen gelingt, durch die Lektüre dieses Buches Ihre ganz persönlichen Ziele in den Fokus zu setzen und sich selbst stets treu zu bleiben, sind Sie vor Depressionen und Burn-out gefeit.

Mit den richtigen Orientierungshilfen, einer positiven Einstellung und einem starken Durchhaltevermögen steht der Erfüllung Ihrer Träume nichts mehr im Weg.

Herzlichst,

Matthias Brandt

I. Ziele strategisch definieren – Mindset

Gewinnen Sie die Kontrolle über Ihre Gewohnheiten

Das Geheimnis jeden Erfolgs liegt darin, alle Ziele mit Plan, Struktur und Weitsicht anzugehen. Den wichtigsten Schritt haben Sie mit dem Erwerb dieses Ratgebers bereits getan. Sie halten einen Helfer in der Hand, der Sie Stück für Stück zum persönlichen und beruflichen Glück führen wird.

Machen Sie nicht den fatalen Fehler, den Weg zum Erfolg zu überstürzen. Denn von heute auf morgen wird es Ihnen nicht gelingen, die Kontrolle über Ihr Leben und Ihre Gewohnheiten zu erlangen.

Doch gehen Sie gemeinsam mit mir den Weg, der Sie allmählich auf den Pfad der Selbstdisziplin führen wird, werden Sie nach und nach Ihre Träume verwirklichen können.

Zunächst sollten Sie Selbstachtung entwickeln, um Ihre Ziele strukturiert verfolgen zu können. Achten Sie nicht auf Ihre Gewohnheiten und Ihre Lebensweise und leben Sie gedankenverloren in jeden Tag hinein, werden Sie Ihre Träume niemals in die Tat umsetzen können.

Auf dem Weg zu mehr Selbstdisziplin sollten Sie zunächst eine Selbstanalyse durchführen. Uns Menschen fällt es oft schwer, uns selbst einzuschätzen. Deshalb sollten Sie folgende Ratschläge beachten.

Manch einer geht davon aus, dass er ein sehr selbstdisziplinierter Mensch ist. Er verfolgt im Job seine Pflichten, verliert aber persönliche Ziele vollkommen aus dem Fokus und fragt sich stets, warum sich Erfolg und Glück nicht einstellen.

Selbstdisziplin bezieht sich keinesfalls nur auf die Erfüllung Ihrer beruflichen Anweisungen und den Stand Ihres Bankkontos. Oft sind es die kleinen Dinge, die Ihnen zeigen, wie stark Ihre Selbstachtung und -kontrolle ausgeprägt ist.

Stellen Sie die richtigen Fragen an sich selbst, finden Sie schnell heraus, wie es um Ihre Selbstdisziplin steht. Zunächst sollten Sie einen Blick auf Ihre Gewohnheiten werfen. Gehen wir Ihren Tagesablauf schrittweise durch.

Stehen Sie jeden Tag in etwa zur gleichen Zeit auf? Ein regelmäßiger Alltag gibt oft einen großen Aufschluss über die eigene Disziplin. Menschen, die einen routinierten Tagesablauf verfolgen, sind besser in der Lage, Ihre Träume fokussiert und strukturiert Wirklichkeit werden zu lassen.

Wie starten Sie in den Tag? Treiben Sie Sport, lesen Sie Zeitung, nehmen Sie ein gesundes und ausgiebiges Frühstück ein oder hetzen Sie durch den Morgen, um noch pünktlich zur Arbeit zu kommen?

Kommt es einmal vor, dass ich verschlafe und bin ich dazu gezwungen, durch den Tagesbeginn zu eilen, kann damit meinen gewohnten Ritualen nicht nachgehen, gelingt es mir den ganzen Tag nicht, konzentriert und zielführend zu arbeiten.

Es ist entscheidend, eine gewisse Routine in Ihren Morgen zu integrieren. Überlegen Sie, welche Ziele Ihnen in näherer Zukunft am bedeutendsten sind. Liegt Ihre oberste Priorität darin fit zu werden, integrieren Sie ein allmorgendliches Work-out in Ihren Alltag.

Wollen Sie sich auf einem Gebiet weiterbilden, beschäftigen Sie sich nach dem Aufstehen eine halbe Stunde mit passender Fachliteratur.

Egal, was Ihnen am Herzen liegen mag – versuchen Sie, die für Sie wichtigen Dinge bereits in Ihren Morgen zu integrieren. Das verleiht Ihnen den nötigen Schwung und Sie geben sich selbst das Gefühl, wichtig zu sein.

Ein Blick auf Ihren Tagesablauf verrät viel über den Zustand Ihrer Selbstachtung...

Gehen Sie jeden Tag strukturiert und geplant an, verfügen Sie über ein hohes Maß an Selbstdisziplin. Ist Ihr Tagesablauf aber sehr unregelmäßig sowie von Hektik und Stress erfüllt, liegt es oft an fehlender Organisation, was wiederum auf mangelnde Kontrolle des eigenen Selbst zurückzuführen ist.

Genauso verhält es sich mit Gewohnheiten bezüglich Ihres Körpers. Treiben Sie regelmäßig Sport? Ernähren Sie sich ausgewogen und gesund? Schlafen Sie ausreichend? Müssen Sie eine oder mehrere dieser Fragen mit Nein beantworten, sollten Sie an Ihrer Selbstfürsorge arbeiten.

Der Schlüssel zu einem glücklichen Dasein ist ein gesunder Körper. Haben Sie Reichtum erlangt, sind aber aufgrund Ihres gesundheitlichen Zustandes nicht in der Lage diesen zu genießen, werden Sie nicht zum Glück finden.

Wenn Sie sich ambitionierte Ziele vorgenommen haben, können Sie nicht auf diese hinarbeiten, wenn Sie ständig krank sind. Ein gesunder Körper ist das Fundament, auf dem Sie Ihren Erfolg aufbauen sollten.

Nun werfen wir einen Blick auf den finanziellen und beruflichen Aspekt. Haben Sie Schulden und wenn ja, sind diese sinnvoll? (wie zum Beispiel ein Hauskredit) Unnötige Schuldenberge sind ein Indikator für mangelnde Selbstdisziplin. Sie sollten alles in Ihrer Macht Stehende tun, um diesen Berg zu verkleinern. Ein erster Schritt ist die Reduzierung Ihrer Ausgaben. Im zweiten Teil erkläre ich Ihnen, wie Sie die Kontrolle über Ihre Finanzen zurückerlangen können.

Würden Sie sich selbst als zufrieden und erfolgreich im Beruf bezeichnen? Haben Sie in jüngster Vergangenheit ein Lob von Ihrem Chef erhalten oder in den letzten Monaten und Jahren gewünschte Beförderungen oder Gehaltserhöhungen erlangt?

Falls nicht, liegt es an Ihrer Arbeitsweise? Arbeiten Sie zu unstrukturiert und gelingt es Ihnen deshalb nicht, selbst gesteckte Ziele zu erreichen und Ihre Vorgesetzten davon zu überzeugen, Ihre Arbeitsleistungen durch einen Aufstieg im Unternehmen und ein höheres Gehalt zu honorieren?

Beantworten Sie all diese Fragen besonders selbstkritisch. Das Ziel besteht darin, Ihre Defizite aufzuschlüsseln. Diese werden Sie herausfinden, wenn Sie ehrlich zu sich selbst sind. Vergangene Fehler können Sie nur ausgleichen, wenn Sie sich dieser bewusst sind.

Zum Schluss können Sie die Selbstanalyse noch auf Ihr Privatleben anwenden. Befinden Sie sich in einer glücklichen Beziehung? Sind Sie zufrieden hinsichtlich Ihrer sozialen Kontakte? Sind Sie im Streit mit einem Freund, der Sie schon seit Langem belastet?

Kommen Sie bei diesen Fragen ins Stocken, rücken Sie diese Probleme ganz bewusst in den Fokus. Untersuchen Sie genau, wo die Wurzel des Übels liegt und versuchen Sie diese freizulegen.

Um Schwierigkeiten zu bekämpfen, hilft es Ihnen nicht, die Augen davor zu verschließen. Sie müssen sich mit ihnen auseinandersetzen, auch wenn es schwerfällt. Nur ein entdecktes Problem können Sie beseitigen.

Und wie steht es mit privaten Projekten? Wollen Sie schon seit Langem das Chaos in Ihrem Keller oder auf Ihrem Dachboden beseitigen, schieben es aber immer wieder auf?

Vor allem wenn Sie dazu neigen, Vorhaben auf einen anderen Termin zu verlegen oder vor Problemen – seien Sie finanzieller, beruflicher oder sozialer Natur – wegzulaufen, sollten Sie dringend an Ihrer Selbstdisziplin arbeiten.

An dieser Stelle möchte ich einmal besonders auf die Zeit verweisen, die wir mit Streaming-Diensten vor dem Fernseher verbringen. Erwiesenermaßen vergeuden wir zu viel wertvolle Stunden damit, Filmen und Serien oder gar Werbesendungen zu folgen, die uns nicht im Geringsten zum Erfolg führen.

Beobachten Sie über mehrere Tage, wie viel freie Zeit Sie in Unterhaltungsmedien investieren! Vielleicht wird es Sie überraschen, wie viele Stunden Ihres wertvollen Tages diese Tätigkeit verschlingt.

Vielleicht schauen wir einen Film am Abend oder eine Folge unserer neuen Lieblingsserie. Wir denken oft, dass es doch nur ein paar Minuten sind bevor wir ins Bett gehen. Doch meist ist es viel mehr Zeit, die wir abgestumpft vor dem Bildschirm verbringen.

Manchmal läuft die Flimmerkiste und wir starren darauf, ohne dem Programm überhaupt zu folgen. Verstehen Sie mich nicht falsch. Auch ich sehe hin und wieder gern einen Film. Doch ich versuche, diesen dann wirklich zu genießen. Gehe ich nicht ins Kino, um einen neuen Streifen zu schauen und sehe ihn auf Netflix, nehme ich mir die Zeit, ihn aufmerksam aufzunehmen und mich mit ihm auseinanderzusetzen.

Wenn Sie Unterhaltungsmedien konsumieren, dann tun Sie das bewusst und starren Sie nicht unbewusst auf die Flimmerkiste während das Glück und das Leben langsam an Ihnen vorbeiziehen.

Ich würde Ihnen davon abraten, mehr als fünf Stunden in der Woche vor dem Fernseher zu sitzen. Nutzen Sie Ihre Zeit lieber dafür, Ihren Träumen nachzugehen.

Auf den folgenden Seiten zeige ich Ihnen einige Methoden, mit denen es Ihnen gelingt, Ihre persönlichen Ziele in einem ersten Schritt zu formulieren. Haben Sie ein Vorhaben, auf das Sie hinarbeiten können, sind Sie von innen heraus so motiviert, dass Sie die Fernbedienung ganz automatisch links liegen lassen werden.

Die Analyse Ihres Selbst war der erste Schritt. Wenn Sie herausgefunden haben, wo Ihre Schwächen in Bezug auf die eigene Disziplin liegen, können Sie beginnen, an Ihrer Selbstdisziplin zu arbeiten.

Vielleicht wollen Sie gleich eine ganze Reihe Ihrer Gewohnheiten ändern. Nehmen wir an, Sie wollen mehr Sport treiben, regelmäßig früh aus den Federn kommen, weniger Zeit vor dem Fernseher verbringen und ihren Arbeitsplatz aufräumen. Machen Sie nicht den Fehler, all Ihre Ziele innerhalb eines Tages erreichen zu wollen. Der vorprogrammierte Misserfolg wird Sie demotivieren und Sie werden in alte Gewohnheiten zurückfallen.

Gehen Sie Ihre Ziele realistisch und sukzessive an. Sind Sie beispielsweise stets um acht Uhr dreißig aufgestanden und um Viertel vor neun vollkommen abgehetzt aus dem Haus gelaufen, um es irgendwie bis neun auf die Arbeit zu schaffen, stellen Sie Ihren Wecker von nun an nach und nach ein klein wenig früher.

Am ersten Tag lassen Sie ihn um acht Uhr klingeln, damit Sie sich ganz in Ruhe zurechtmachen können, bevor Sie ohne den gewohnten Stress aus dem Haus gehen.

In einem zweiten Schritt stellen Sie den Wecker noch eine halbe Stunde früher, um ein gesundes Frühstück einnehmen zu können, bevor Sie zu Ihrem Arbeitsplatz fahren.

Sie können auf diesem Wege entspannter in den Tag starten und am Morgen bereits Aktivitäten einbauen, die Körper und Geist fit halten.

Haben Sie über mehrere Wochen den Wecker immer ein wenig früher gestellt, gelingt es Ihnen, frühmorgens Sport treiben zu können. Voller Selbstdisziplin schlüpfen Sie morgens in Ihre Turnschuhe und laufen eine Dreiviertelstunde durch den Park.

Dank des Sports wird sich Ihr Körper stärker fühlen. Sie haben das Bedürfnis, gesünder zu essen und Sie werden einen erholsameren Schlaf finden. Und auch Ihr Geist wird wacher und aufnahmefähiger sein als zuvor.

Entdecken Sie Ihre versteckten Potenziale, indem Sie an Ihren Gewohnheiten feilen. Oft ist es so, dass sich die Faktoren, die unseren Alltag bestimmen, gegenseitig beeinflussen.

Verändern Sie also eines der Stellräder, können Sie Ihrem gesamten Tagesablauf eine neue Richtung geben. Wer viel Sport treibt, ernährt sich meist gesünder. Wer seinen Körper mit gesunden Nährstoffen versorgt und sportliche Aktivitäten in den Alltag integriert, findet oft erholsamen Schlaf.

Gehen Sie Ihren Arbeitsalltag strukturierter an, geraten Sie nicht in Hektik. Geraten Sie nicht in Stress, können Sie Ihre Aufgaben besser bewältigen.

Können Sie Ihre beruflichen Aufgaben schneller erledigen, steht Ihnen mehr Zeit für sich und Ihre Familie zur Verfügung. Ihre Beziehungen funktionieren besser, weil Sie mehr Energie in Freundschaften und Ihre Partnerschaft investieren können. Sie werden auf privater Ebene glücklicher.

Natürlich werden Sie nicht automatisch erfolgreich, nur weil Sie Ihren Wecker frühmorgens eine halbe Stunde eher stellen. Aber die kleinen Veränderungen hin zu einem routinierten Tagesablauf können für merkliche Sprünge auf Ihrer ganz persönlichen Erfolgsleiter sorgen.

Freuen Sie sich über die ersten Änderungen, die Ihnen nach und nach Glücksmomente bescheren werden. Jeder noch so kleine Erfolg ist ein Schritt auf dem Weg zur Erfüllung ihrer Träume.

Tag für Tag kommen Sie Ihrer Vorstellung vom idealen Leben näher. Je mehr Sie an Ihrer Selbstdisziplin arbeiten, desto eher erreichen Sie Ihre Wünsche.

So brechen Sie aus der Routine aus!

Eine Regel besagt, dass Sie nur zu einer anderen und besseren Person werden können, wenn Sie bereit sind, neue Wege zu beschreiten. Sitzen Sie in einem Trott fest, werden Sie niemals Ihre Ziele erreichen können.

Fangen Sie endlich an, Aufgaben und längst geschmiedete Pläne in die eigene Hand zu nehmen, statt Ihre Vorhaben ständig aufzuschieben.

Wir Menschen neigen dazu, in Mustern festzuhängen. Oft sagen wir uns, nächste Woche werde ich mit meiner Diät, mit meinem Sportprogramm beginnen. Doch warum eigentlich erst morgen mit etwas Neuem anfangen, wenn Sie auch sofort durchstarten können?

Auf dem Weg zu einem disziplinierten Dasein ist es besonders wichtig, mit alten Gewohnheiten zu brechen. Wollen wir uns zu neuen Ufern aufmachen, dürfen wir nicht länger in vertrauten Mustern verharren.

Werfen wir unsere Gewohnheiten über Bord, handeln wir entschlossen und mutig. Mut ist ein wichtiger Schritt auf dem Weg zum Erfolg. Es ist bequem, jahrzehntelang denselben Job auszuüben, statt sich um eine neue Stelle zu bewerben, auch wenn uns die Anstellung gar nicht glücklich macht.

Es ist einfach, in einer Beziehung zu verharren, statt sich mit möglichen Problemen auseinanderzusetzen und eine Trennung zu riskieren. Wer im Leben keine Risiken eingeht, der wird weniger verlieren, aber auch nichts gewinnen.

Ich vermute, dass viele glückliche Beziehungen an mangelnder Kommunikation scheitern. Genauso wie es Mut kostet, an einer wertvollen Beziehung zu arbeiten, gehört Mut dazu, eine gescheiterte Partnerschaft zu beenden.

Beinahe jeder von uns hat schon in einer ungesunden Beziehung gelebt. Sei es, weil wir nicht mutig genug waren, unsere Meinung kundzutun oder wir Angst davor hatten, nach einer möglichen Trennung unser Leben allein bestreiten zu müssen.

Auf dem Weg zu mehr Selbstdisziplin sollten Sie sich nicht nur über das klar werden, was Sie erreichen wollen. Sie sollten sich auch genau überlegen, von welchem Ballast Sie sich befreien wollen.

Haben Sie den Mut, ins kalte Wasser zu springen. Sagen Sie Ihrem Partner, dass Sie unglücklich sind. Entweder ist er bereit, für Ihre Beziehung zu kämpfen und an ihr zu arbeiten oder Sie stellen gemeinsam fest, dass eine Trennung die richtige Entscheidung ist.

Ebenso wie im privaten Bereich sollten Sie auch im beruflichen alles vermeiden, was Sie aus Bequemlichkeit von Ihrem Glück abhält. Ein selbstdisziplinierter Mensch sollte stets seine Ziele im Blick behalten. Bringt Sie ihr momentaner Job Ihren Lebenszielen näher oder ist er nur Mittel, um Geld zu verdienen? Wenn Sie unglücklich sind, dann beginnen Sie damit, nach neuen Möglichkeiten Ausschau zu halten.

Ihr Beruf sollte mehr sein als ein Mittel zum Geldverdienen. Natürlich kann nicht jeder mit seiner inneren Berufung seinen Lebensunterhalt bestreiten, aber es gibt immer Möglichkeiten, die eigenen Leidenschaften im Job zu integrieren und so glücklich zu sein.

Legen Sie gleich los und überlegen Sie sich einmal, was Ihre Leidenschaften und Stärken sind. Welche Branchen oder Themen interessieren Sie? Was liegt Ihnen im Leben besonders am Herzen? Erstellen Sie eine Liste, öffnen Sie dann Ihren Browser und befragen Sie die Suchmaschine nach möglichen beruflichen Pfaden. Nehmen wir an, Sie lieben es, sich in der Natur zu bewegen. Sie sitzen gern auf dem Sattel Ihres Mountainbikes, stecken Ihre Füße mit Vorliebe in Skier oder Wanderschuhe. Es gibt eine ganze Palette von Jobs, in denen Sie Ihre Leidenschaft ausleben können.

Sie könnten versuchen, Fotos von Ihren Abenteuern aufzunehmen und Artikel zu schreiben. Vielleicht interessiert sich eine Zeitung für das Material und veröffentlicht es.
Gerade dann, wenn auch Schreiben und Fotografieren zu Ihren Leidenschaften zählt, ist dies eine hervorragende Chance, um Ihr Hobby zum Beruf zu machen.

Es bestehen jedoch auch ganz andere Möglichkeiten, im Outdoor-Bereich Geld zu verdienen. Vielleicht sind Sie sehr kreativ, dann könnten Sie Herstellern helfen, neue Produkte zu entwickeln. Oder Sie könnten sich für eine Stelle im Marketing einer Outdoor-Firma bewerben.

Oft haben wir eine ganze Reihe an Möglichkeiten, um unsere Leidenschaften mit unserem Job zu verknüpfen. Wir müssen uns nur mit diesen auseinandersetzen und bereit sein, neue Wege zu gehen. Es werden sich bei Ihrer Recherche Türen öffnen, durch die Sie nur hindurchgehen müssen.

Viele Menschen haben Schwierigkeiten damit, Ihre Leidenschaften und Ziele zu definieren. Was genau will ich mit meinem Leben anfangen? Was macht mich glücklich? Solange ich auf diese Fragen keine Antworten gefunden habe, kann ich auch meine Ziele nicht definieren.

Der erste Schritt zu mehr Selbstdisziplin ist deshalb die Definition Ihrer Träume. Oft haben wir vage Vorstellungen von unseren Wünschen.

Doch durch die Ablenkungen in unserem Job und durch digitale Medien, mit deren Beschäftigung wir unsere Freizeit füllen, setzen wir uns nicht mit eigenen Wünschen auseinander. Viele von uns haben sich zuletzt nach dem Abschluss der Schule mit den Fragen über die Berufswahl beschäftigt. Wir haben ein Studium oder eine Ausbildungsstelle aufgenommen und dann angefangen einem Job nachzugehen.

Vielleicht hat uns dieser in der Vergangenheit mit Glück erfüllt, aber Ansichten und Werte ändern sich. Und so wandeln sich auch unsere Wünsche und Träume im Laufe des Lebens.

Nach der Schule haben Sie vielleicht einen kaufmännischen Beruf erlernen wollen. Aber nun, nach einigen Jahren in dieser Branche, merken Sie, dass Sie lieber in den sozialen Bereich wechseln wollen. Sie sollten sich die Fragen hinsichtlich Ihrer Leidenschaften und Wünsche nicht nur im Jugendalter stellen.

Doch wie können Sie überhaupt herausfinden, was genau Sie glücklich macht und Ihr Leben mit Sinn erfüllt? Um diese Frage zu beantworten, werfen wir einen Blick ans andere Ende der Welt.

Um genau zu sein, möchte ich Sie auf eine Reise nach Okinawa mitnehmen. Oft werden die Bewohner auf dieser japanischen Insel einhundert Jahre alt. Die Menschen zählen zu den glücklichsten der Welt, ihre Lebensphilosophie ist das Geheimnis ihres Glücks und ihres langen Lebens.

Die Einwohner Okinawas finden Ihr Glück, indem Sie nach der Philosophie *Ikigai* leben. *Iki* bedeutet Leben, *Gai* heißt Wert. Handeln Sie nach dieser Philosophie, finden Sieden Sinn Ihres Lebens. Und so funktioniert's:

Um den *Ikigai*, also den Wert des eigenen Lebens zu bestimmen, benötigen Sie etwas Geduld. Die Fragen, die Sie an sich selbst stellen, sollten Sie konzentriert und wiederholend überdenken. Es geht schließlich um den Sinn Ihres Lebens, diesen werden Sie nicht innerhalb eines Tages identifizieren können.

Mit *Ikigai* können Sie herausfinden, welchem Pfad im Leben Sie folgen sollten. Haben Sie Ihren ganz persönlichen Weg gefunden, können Sie sich den Aufgaben mit voller Hingabe und Selbstdisziplin widmen.

Denn Sie wissen, dass sich all die Mühe wirklich lohnt. Jagen Sie hingegen Zielen hinterher, die nicht Ihren Leidenschaften und Werten entsprechen, haben Sie wertvolle Energie und Zeit vertan.

Die Philosophie *Ikigai* umfasst vier große Elemente. Es gilt nicht nur, herauszufinden, welcher Beruf der richtige für Sie ist. Die Methode soll Ihnen helfen, zu ermitteln, welchen Platz in der Welt Sie einnehmen sollten.

Deshalb betrachtet die Philosophie vier Punkte, die Ihren Lebensweg bestimmen. Die vier Hauptfragen lauten:

1. **Was lieben Sie zu tun?**
2. **Was können Sie der Welt geben?**
3. **Womit könnten Sie Geld verdienen?**
4. **Worin sind Sie talentiert?**

Die Schnittmengen dieser vier Bereiche bilden Ihren *Ikigai*, den Sinn Ihres Lebens. Mit der Beantwortung der ersten und zweiten Frage erfahren Sie Ihre Mission. An der Stelle, an der die zweite und die dritte Antwort zusammenkommen, finden Sie Ihre Berufung.

Stellen Sie die Fragen Nummer drei und vier, stoßen Sie auf Ihren idealen Beruf. Dort, wo sich Ihre Gedanken zur ersten und vierten Fragestellung treffen, können Sie Ihre ganz persönliche Leidenschaft erkennen. Um Ihren *Ikigai* zu bestimmen, sollten Sie sich Zeit nehmen. Begeben Sie sich an einen ruhigen Ort und stellen Sie sich diese wichtigen Lebensfragen, ohne gestört zu werden.

Mit folgenden Hilfestellungen kann es Ihnen leichter fallen, Antworten auf die großen *Ikigai*-Fragen zu finden:

1. Um das herauszukristallisieren, was Sie wirklich lieben, sollten Sie sich fragen, ob Sie sich den ganzen Tag damit beschäftigen können. Haben Sie es schon als Kind gern getan? Reden Sie oft darüber? Denken Sie viel darüber nach?

2. Um Tätigkeiten zu finden, die Sie der Welt geben könnten, fragen Sie sich, ob es jemandem fehlen würde, würden Sie diese Tätigkeit nicht mehr tun. Entspricht es Ihren Werten?

3. Besteht für Sie die Möglichkeit, mit dieser Tätigkeit Geld zu verdienen?

4. Ist die Tätigkeit etwas, worin Sie besser sind als andere? Haben Ihnen Ihre Mitmenschen schon einmal gesagt, dass Sie darin besonders gut sind? Oder besitzen Sie eine eher ungewöhnliche, nicht oft vorkommende Fähigkeit?

Profitieren Sie von den Weisheiten der Einwohner Okinawas und finden Sie mit dem *Ikigai*-Prinzip heraus, was Sie im Leben glücklich macht. Dann können Sie beginnen, genau die Tätigkeiten, die Sie mit Zufriedenheit erfüllen, diszipliniert weiterzuentwickeln.

Ohne eine konkrete Zielsetzung wird es Ihnen niemals gelingen, Ihre Träume zu verwirklichen. Begeben Sie sich auf die Suche nach Ihrem *Ikigai*, werden Sie den Code knacken, der Sie zum Glück führt.

Wir Menschen haben es verlernt, die richtigen Fragen an uns selbst zu stellen. Wir wachsen in einer Gesellschaft auf, in der uns eine Lebenslinie vorgegeben wird.

Wir folgen dieser, damit wir uns mit den eigenen Wünschen nicht auseinandersetzen müssen, sei es aus Faulheit oder aus Angst. Stellen wir uns die wichtigen Lebensfragen, könnten wir feststellen, dass wir in der Vergangenheit völlig wider unserer Überzeugungen gehandelt haben. Eine solche Erkenntnis schmerzt.

Doch die schmerzhafte Lehre ist auch der Weg hinaus aus dem Unglück. Der einzige Pfad, der Sie aus der Spirale von Misserfolg und Unzufriedenheit führt, ist die Auseinandersetzung mit dem eigenen Selbst.

Nur wenn Sie ehrlich zu sich selbst sind und Sie sich Ihre Fehler eingestehen, können Sie Ihre Probleme überwinden.

Orientieren Sie sich an Ihrem Idealbild

Haben Sie Ihre Probleme analysiert, müssen Sie einen Weg finden, mit diesen umzugehen. Andere für die persönlichen Misserfolge verantwortlich zu machen, ist einfach, doch wird es Sie im Leben nicht voranbringen.

Vor allem, wenn wir die Kontrolle über unser Leben verloren haben, neigen wir dazu, anderen die Schuld an unserem Scheitern zu geben. Dabei wissen wir tief in unserem Inneren, dass wir nicht die anderen, sondern uns selbst beschuldigen. Es ist schwer, uns selbst einzugestehen, dass wir einen Fehler begangen haben. Dabei ist es menschlich, auch einmal vom Weg abgekommen zu sein.

Wichtig ist nur, dass Sie die Disziplin finden, den richtigen Pfad wieder aufzunehmen und diesem zu folgen.

Wenn Sie heute damit beginnen, Ihren Lebensweg kritisch zu hinterfragen, um mögliche Abwege herauszufiltern, dann können Sie auch sofort anfangen, Ihre Fehler wieder geradezubiegen. Die meisten Fehltritte sind nicht irreparabel.

Oft glauben wir, dass es zu spät ist, noch einen neuen beruflichen Weg einzuschlagen oder eine langjährige Beziehung, an die wir uns gewöhnt haben, die aber destruktiv für beide Seiten ist, zu beenden. Dabei liegen wir mit dieser Annahme falsch. Wir können uns stets dazu entscheiden, unserem Leben eine neue Richtung zu geben.

Hören Sie auf, wertvolle Zeit zu verschwenden, indem Sie andere um Ihre Zielstrebigkeit und Ihr Glück beneiden und nehmen Sie Ihr Lebenselbst in die Hand.

Ein reiches Elternhaus, Abitur, ein Hochschulabschluss, ein Erbe, ein Lottogewinn – All diese Faktoren begünstigen finanziellen oder beruflichen Erfolg, aber auch ohne diese Voraussetzungen haben Sie das Zeug dazu, ein erfolgreicher Mensch zu werden.

Materielle Güter oder ein Studienabschluss allein werden Ihnen keinen Erfolg einbringen.

Haben Sie einen Universitätsabschluss erlangt, spricht der Abschluss schon für sich. Jeder, dem es gelingt, die Universität erfolgreich abzuschließen, verfügt über Selbstdisziplin. Und dennoch wird Sie dieser Abschluss nicht automatisch zu einem erfolgreichen Menschen machen!

Begehen Sie niemals den Fehler, sich auf einem früheren Erfolg auszuruhen. Zu Ihrem Glück werden Sie nur gelangen, wenn Sie konstant an der Erfüllung Ihrer Träume arbeiten.

Selbstdisziplin ist kaum von äußeren Faktoren abhängig. Wer über ein gewisses Kapital verfügt, kann eine Businessidee natürlich einfacher umsetzen als jemand, dem die finanziellen Mittel fehlen.
Aber Erfolg wird sich doch nur bei demjenigen einstellen, der die passende innere Einstellung mitbringt.

Unsere Persönlichkeit besteht aus verschiedenen Ebenen. Die oberste Schicht ist das Selbstideal, die Vorstellung unseres perfekten Selbst. Wir widmen diesem idealen Bild oft zu wenig Aufmerksamkeit. Dabei sollten wir uns diese eine Frage immer wieder stellen: Wie sieht die perfekte Version von mir aus?Auf diesem Weg erfahren wir alles über die Werte, die uns wichtig sind und die Aspekte in unserem Dasein, die uns etwas bedeuten.

Suchen wir im tiefsten Inneren nach einer harmonischen und engen Partnerschaft, ersticken jedoch jede beginnende Beziehung im Keim, weil wir Angst davor haben, verletzt zu werden, werden wir niemals glücklich werden.

Verharren wir in einem Beruf, der uns viel Geld bringt, träumen wir in Wahrheit aber davon, mit unserer Leidenschaft unseren Lebensunterhalt zu bestreiten, werden wir es am Ende unserer Karriere bereuen, dem idealen Selbst niemals eine Chance gegeben zu haben.

Hören Sie auf Ihre innere Stimme! Sie haben nur dieses eine Leben. Verwirklichen Sie Ihre Träume nicht hier und jetzt, werden Sie keine zweite Chance erhalten, glücklich zu werden.

Schließen Sie die Augen und versuchen Sie, sich die ideale Version Ihrer Persönlichkeit vorzustellen. Hat es Überschneidungen mit dem Bild, das Sie gegenwärtig von sich haben, oder sehen Sie zwei verschiedene Persönlichkeiten?
Um Ihr ideales Selbstbild zu erkennen, gehen Sie am besten so vor:

---

1. Denken Sie über Ihr momentanes Leben nach! Welchen Bereichen widmen Sie Aufmerksamkeit? Worin stecken Sie viel Zeit? Und in welche Tätigkeiten oder Beziehungen würden Sie gern mehr Aufmerksamkeit investieren können? Welche Dinge, die Ihnen wichtig sind, kommen in Ihrem Leben zu kurz?

2. Ordnen Sie die Aspekte, denen Sie momentan Ihre Zeit und Kraft widmen, in eine Plus- und Minusliste ein! Alles, was sich auf der Plusliste befindet, können Sie in Ihr ideales Selbstbild aufnehmen. Alles, was Sie der Minusseite zugeordnet haben, sollten Sie aus Ihrem Leben verbannen oder zumindest drastisch einschränken!

3. Malen Sie sich den idealen Tag aus! Wie würden Sie ihn verbringen? Wären Sie allein oder umgeben von Freunden und Familie? Würden Sie ein Buch lesen, musizieren, ein Bild malen, durch den Wald spazieren? Dieses Gedankenexperiment zeigt uns ganz offen, welche Aspekte uns im Leben wirklich am Herzen liegen. Wir erkennen tiefe Sehnsüchte, denen wir oft zu wenig Aufmerksamkeit schenken. Sie bestimmen ganz klar Ihr ideales Selbstbild!

4. Zum Schluss versetzen Sie sich einmal in die Zukunft. Denken Sie an Ihren 75. Geburtstag! Auf welchen Lebensweg möchten Sie an diesem Tag zurückblicken? Möchten Sie noch fit und gesund sein? Welche Menschen sollen an Ihrer Seite sein? Was möchten Sie unbedingt erreicht haben?

Haben Sie sich diese Fragen gestellt, wird Ihnen Ihr ideales Selbst ganz klar vor Augen erscheinen. Sollte Ihr Idealbild mit dem gegenwärtigen Selbstbild nicht viel gemeinsam haben, dann beginnen Sie nicht an sich zu zweifeln. Sie können Ihren Lebensweg jederzeit in eine andere Richtung lenken.

Wenn Sie die Methoden und Ratschläge dieses Buches befolgen, wird sich Ihr Selbstbild automatisch an Ihr Idealbild annähern. Womöglich in ganz kleinen Schritten, denn es wird Ihnen nicht gelingen, Ihre Gewohnheiten und Lebensweisen mit einem bloßen Fingerschnippen zu ändern. Sie müssen bereit sein, hart an sich zu arbeiten.

Zunächst einmal müssen Sie herausfinden, welchem Pfad Sie in Zukunft folgen möchten. Sie müssen die Stellschrauben identifizieren, die Sie ändern müssen, um aus dem alten Trott auszubrechen und ein neues Leben beginnen zu können.

In 4 Schritten zu Ihrem persönlichen Selbstideal

Sie haben die Wahl. In allen Bereichen Ihres Lebens haben Sie stets die Möglichkeit, bewusste Entscheidungen zu treffen. Wollen Sie Ihre Lebensziele selbstdiszipliniert verfolgen, müssen Sie in einem ersten Schritt die Wahl treffen, Ihr Glück in die eigene Hand zu nehmen.

All Ihre Charaktereigenschaften, all Ihre Fähigkeiten, die Sie heute besitzen, haben ihren Ursprung in Ihrer Vergangenheit. Wir haben öfter die Wahl als wir glauben mögen. Jeden Tag entscheiden wir aufs Neue, was für ein Mensch wir sein möchten.

Sie können morgens beim ersten Weckerklingeln beschließen, dass heute ein Tag sein wird, an dem Sie Ihr Schicksal in die eigene Hand nehmen. Oder Sie treffen die Wahl, die Schlummertaste am Wecker zu drücken, sich die Decke über den Kopf zu ziehen und den Morgen mit Missmut und Lustlosigkeit zu beginnen.

Jedes Handeln, jede Interaktion mit anderen Menschen, jede Tätigkeit, ist eine bewusste Entscheidung. Oft meinen wir, keine Wahl zu haben Wir denken, wir würden in einem Job festsitzen, weil wir das Geld brauchen. Was hält Sie denn davon ab, Bewerbungen an ein anderes Unternehmen zu schreiben? Was genau hemmt Sie daran, sich weiterzubilden, um einen besseren Abschluss und damit neue Berufschancen zu entwickeln?

Wir haben die Wahl, und zwar an jedem Tag. Wir können uns für das Glück oder das Unglück entscheiden. Wir können wie ein Löwe auf Beutezug gehen oder wie ein Strauß den Kopf in den Sand stecken. Es liegt ganz bei uns.

Die Fähigkeit, sich Dingen furchtlos zu stellen, können Sie erlernen. Stehen Sie vor einem Problem, können Sie der Sache entweder diszipliniert ins Auge blicken und diese in Angriff nehmen oder Sie gehen in den Rückzug über und ärgern sich über Ihre Feigheit.

Der einzige Unterschied zwischen einem mutigen und einem feigen Menschen ist Selbstdisziplin. Eine tapfere Person hat die Courage und damit die eigene Disziplin, sich einem Problem oder einer Gefahr zu stellen.

Es liegt ganz bei uns, ob wir die Kraft und Ausdauer dazu aufbringen, unsere Angst zu überwinden. Wem der Mut zum Handeln fehlt, der wird sich ein Leben lang zurückziehen und sich hinter den eigenen Ängsten verstecken. Ebenso wie Mut sind Ängste nicht angeboren. In dem Moment, in dem wir das Licht der Welt erblicken, fürchten wir uns vor nichts. Erst unsere Erfahrungen zeigen uns, wo die Gefahren im Leben liegen.

Die größten Ängste, mit denen wir uns neben der Angst vor dem Tod in unserer Gesellschaft umherplagen, sind die Furcht vor dem Versagen, der Zurückweisung und dem finanziellen Ruin.

Diese Ängste halten uns davon ab, den Pfad zum Erfolg zu beschreiten. Bedenken über mögliches Scheitern nehmen uns den Mut, Risiken einzugehen.

Wir verharren in einem Job, weil wir Angst davor haben, in einem neuen zu scheitern. Wir sind zu feige, einen Menschen anzusprechen, den wir mögen, weil wir Angst vor Zurückweisung haben.

Vor allem, wenn wir in eine bedrohliche Situation geraten, offenbart sich unser wahrer Charakter. Menschen, die zielgerichtet auf Ihre Träume hinarbeiten, lassen sich auch dann, wenn es brenzlig wird, nicht von Ihrem Weg abbringen. Sie bringen den Mut auf, sich Ihren

Problemen zu stellen und finden mit Durchhaltevermögen und Selbstbewusstsein zu einer Lösung.

Menschen, die unsicher mit Ihrer eigenen Person sind und ihren Platz in der Welt immer noch suchen, fühlen sich hingegen schnell unter Druck gesetzt und stecken den Kopf in den Sand.

Selbstzweifel werden Ihnen auf dem Pfad zum Erfolg stets im Wege stehen. Haben Sie sich ein Ziel gesetzt, dann glauben Sie ganz fest daran, dass Sie dieses erreichen können!

Haben Sie den Mut, anderen von Ihren Plänen zu berichten! Lassen Sie sich von Ihrem Umfeld niemals verunsichern! Glauben Ihre Freunde oder Kollegen, dass Sie zu hoch hinauswollen, sagen Sie Ihnen, dass Sie das schaffen werden! Glauben Sie an Ihre eigenen Fähigkeiten!

Der Weg zum Erfolg führt immer über ein starkes, inneres Selbst. Befreien Sie sich endlich von Ihren Selbstzweifeln und glauben Sie an das, was Sie wirklich selbst beeinflussen können! Und zwar Ihr eigenes Handeln. Seien Sie mutig, sich hohe Ziele zu setzen! Sie sollten zum einen umsetzbar sein, zum anderen sollten Sie ambitioniert sein.

Wollen Sie zum Beispiel zu mehr finanzieller Unabhängigkeit gelangen, setzen Sie sich das Ziel, Ihr Einkommen im nächsten Jahr, um mindestens 50 Prozent zu erhöhen. Vielleicht glauben Sie jetzt, dass dies unmöglich scheint. Doch nehmen Sie einmal Ihr Unternehmen genau unter die Lupe.

Haben Höhergestellte am Monatsende eine Gehaltsabrechnung, die 50 Prozent mehr Einkommen aufweist als die Ihre? Können Sie diese Frage mit Ja beantworten, dann ist ganz klar, dass Ihr Unternehmen bereit ist, Mitarbeitern ein höheres Einkommen zu zahlen, als Sie es erhalten.

Nehmen Sie Ihre berufliche Zukunft in die Hand und arbeiten Sie darauf hin, die gleiche Anerkennung wie eine höhergestellte Person zu erlangen.

Ihre Vorgesetzten sind dazu bereit, mehr zu zahlen. Sie müssen ihnen deutlich machen, dass Sie eine höhere Gehaltsklasse verdienen.

Um im Leben weiterzukommen, brauchen wir kein außerordentliches Glück. Wir benötigen nur die Fähigkeiten, Möglichkeiten voll auszukosten. Ein berühmtes indisches Zitat lautet:

„ Ich bat um Kraft und mir wurden Schwierigkeiten gegeben, um mich stark zu machen.

Ich bat um Weisheit und mir wurden Probleme gegeben, um sie zu lösen und dadurch Weisheit zu erlangen.

Ich bat um Wohlstand und mir wurde ein Gehirn und Muskelkraft gegeben, um zu arbeiten.

Ich bat um Mut und mir wurden Hindernisse gegeben, um sie zu überwinden.

Ich bat um Liebe und mir wurden besorgte, unruhige Menschen mit Problemen gegeben, um ihnen beizustehen.

Ich bat um Entscheidungen und mir wurden Gelegenheiten gegeben.

Ich bekam nichts, was ich wollte, aber ich bekam alles, was ich brauchte. “

Jeder Tag bietet uns zahlreiche Möglichkeiten, um unsere Fähigkeiten unter Beweis zu stellen und diese weiterzuentwickeln. Wollen Sie fit werden, ist nicht das schlechte Wetter daran schuld, dass Sie im Freien keine Runde joggen können. Es ist Ihr fehlender Enthusiasmus, der Sie davon abhält, durch den Regen zu laufen.

Wenn Ihre Beziehung scheitert, ist nicht das Umfeld oder Ihr Partner schuld. Sie haben sich dazu entschieden, nicht für Ihre Partnerschaft zu kämpfen oder Sie aus guten Gründen aufzugeben. Stehen Sie zu Ihren Entscheidungen!

Beneiden Sie andere um Ihre finanzielle oder berufliche Stellung, ist keine höhere Fügung daran schuld, dass Sie nicht den gleichen Job oder den gleichen Stand auf Ihrem Bankkonto erreichen können. Sie haben an irgendeinem Punkt Ihrer Karriere aufgehört, nach Höherem zu streben.

Sie müssen nicht unbedingt nach dem Chefsessel oder großem Reichtum streben. Stattdessen haben Sie sich womöglich vorgenommen, der perfekte Elternteil für Ihr Kind sein zu wollen. Dann entscheiden Sie sich ganz bewusst für diesen Weg und tun Sie an jedem Tag alles, um sich diesem Ziel anzunähern.

Streben Sie nach dem, was Sie glücklich macht. Wenn Sie einen Traum haben, dann entscheiden Sie sich dafür, ihn Wirklichkeit werden zu lassen. Ihre Fähigkeiten werden allmählich mit Ihren Aufgaben wachsen.

Gehen Sie den 1. und wichtigsten Schritt hin zu Ihrem Glück und übernehmen Sie für jedes Handeln, für jeden Aspekt Ihres Lebens, für jede Entscheidung, die Sie treffen oder getroffen haben, die volle Verantwortung.

Nur wenn Sie aufhören, andere für Ihr Unglück verantwortlich zu machen und Ihr Leben selbst in die Hand nehmen, können Sie Ihre Träume verwirklichen. Neben der Eigenverantwortung ist Mut eine wichtige Eigenschaft, die Sie auf den Pfad der Selbstdisziplin bringen wird. Manchmal müssen Sie Ihre Komfortzone verlassen, um dem Erfolg auf die Sprünge zu helfen.

Ein 2. wichtiger Schritt zu mehr Selbstbewusstsein führt also über das Verlassen der eigenen Komfortzone. Trauen Sie sich, ungewöhnliche Schritte einzuleiten, um sich selbst zum Glück zu verhelfen. Oft machen wir uns kleiner und unbedeutender, als wir wirklich sind.

Haben wir den Mut, Vorgesetzten auf Augenhöhe zu begegnen oder eine Bewerbung für unseren Traumjob endlich abzuschicken, werden sich Türen öffnen, von denen wir geglaubt haben, sie würden für immer verschlossen bleiben. Eine dritte Maßnahme, um das eigene Selbstwertgefühl zu erhöhen, ist das konsequente Ausschauhalten nach neuen Möglichkeiten. Womöglich haben auch Sie das Gefühl, in einem Job nicht voranzukommen. Oder Sie sind zufrieden mit Ihrer Anstellung, haben aber das Gefühl etwas eingefahren zu sein.

Ich rate jedem Angestellten, mindestens alle zwei Jahre nach einem neuen Job Ausschau zu halten. Ich möchte Sie keineswegs ermutigen,

Ihre Anstellung aufzugeben. Vielmehr sollten Sie sich einen Überblick über den aktuellen Arbeitsmarkt und Ihre Chancen verschaffen.

Sehen Sie selbst, was es für Möglichkeiten für Sie gibt. Vielleicht interessiert Sie eine angebotene Stelle so sehr, dass Sie sich auf diese bewerben wollen. Oder Sie stellen beim Betrachten der anderen Möglichkeiten fest, dass Sie zufrieden in Ihrem Job sind. Beide Erfahrungen werden Sie mit mehr Lebensfreude erfüllen.

Und wer weiß – vielleicht bewerben Sie sich und haben wirklich die Chance auf eine neue Stelle. Dann können Sie die Wahl treffen, ob Sie die neue Möglichkeit ergreifen wollen oder ob Sie das Angebot nutzen wollen, um bei Ihrem Arbeitgeber eine Gehaltserhöhung zu erlangen.

Egal, wie sich Ihre Suche nach neuen Wegen auch entwickelt, es wird Sie dazu veranlassen, sich mit Ihrer beruflichen Situation auseinanderzusetzen. Sie werden feststellen, ob Sie zufrieden oder unzufrieden sind. Und eine neue Möglichkeit erhöht – egal, ob Sie sie nun ergreifen oder nicht – auf jeden Fall das Selbstwertgefühl.

Eine wichtige Eigenschaft, um sich selbst Respekt entgegenzubringen und diesen auch von anderen zu erhalten, ist die *Standhaftigkeit.* Als einen 3. entscheidenden Schritt zum Selbstideal möchte ich deshalb das standhafte Handeln als einen Pfad zu mehr Selbstdisziplin vorstellen.

Nur derjenige, der nach den persönlichen Werten handelt, ist ein zuverlässiger und eigenverantwortlicher Mensch. Natürlich können sich Werte im Laufe des Lebens wandeln. Gerade auf längeren Reisen in ferne Länder, in denen wir mit neuen Kulturen in Kontakt kommen. Das gleiche kann passieren, wenn wir uns mit neuen Erkenntnissen über Gesellschaft, Wirtschaft oder Politik auseinandersetzen.

Werte ändern sich nicht von heute auf morgen. Genauso dürfen sich unsere Reaktionen und Ansichten nicht ganz plötzlich verschieben, ansonsten verlieren wir unsere Glaubwürdigkeit vor anderen und wir hören auf, an uns selbst zu glauben.

Manchmal bedarf es Mut, um zu persönlichen Ansichten zu stehen. Gerade, wenn wir uns in der Umgebung von Menschen befinden, die unsere Wertvorstellungen nicht teilen oder wenn wir fürchten, durch das Bewahren der eigenen Werte in Bedrängnis zu geraten, treten wir oft den Rückzug an.

Als ich anfing, körperliche Fitness mit Work-outs und Yoga aufzubauen, hatte ich erst Hemmungen, meine Yogamatte im Park auszubreiten und meine Übungen in aller Öffentlichkeit auszuführen.

Ich hatte das Gefühl, beobachtet und belächelt zu werden. Schließlich führte ich zu Beginn meine Übungen noch nicht korrekt aus. Doch ich habe meiner Unsicherheit immer wieder getrotzt und mit der Zeit habe ich ein Selbstbewusstsein entwickelt, das mich die Reaktionen von Passanten ignorieren lässt.

Lassen Sie sich nicht durch schlechte Erfahrungen mit Ihren Mitmenschen oder ein zu geringes Selbstwertgefühl von Ihrem Weg abbringen! Glauben Sie an sich selbst und verfolgen Sie konsequent Ihre Ziele!

Wir neigen dazu, die Konfrontation in einem Job zu meiden, weil wir Angst haben, entlassen zu werden. Wir stimmen nicht mit der Firmenpolitik überein, dennoch bleiben wir und verraten unsere Werte.

Ähnliches passiert immer wieder in Beziehungen. Wir haben Angst davor, wieder allein durchs Leben gehen zu müssen. Deshalb sprechen wir nicht mit unserem Partner, um ihm mitzuteilen, dass der Umgang im Zusammenleben nicht den eigenen Werten entspricht.

Dabei sind solche Verhältnisse zum Scheitern verurteilt. Früher oder später werden Sie die Anstellung oder die Beziehung nicht mehr mit Ihrem Gewissen vereinbaren können. Wenn Sie dann den nötigen Schritt wagen, werden Sie sich zum einen befreit fühlen, zum anderen werden Sie sich selbst fragen, weshalb Sie so lange gewartet haben.

Die Konfrontation mit Problemen wird sich immer positiv auszahlen. Wer sich treu bleibt, der kann mit erhobenem Haupt in den Spiegel blicken und verschafft sich durch seine Standhaftigkeit Respekt vor sich selbst und anderen.

Mit Eigenverantwortung zu mehr Selbstdisziplin

Was zeichnet eine erfolgreiche Person aus? Sie muss bereit sein, Verantwortung zu übernehmen und die übernommenen Aufgaben diszipliniert verfolgen. Verantwortung und Selbstdisziplin gehen Hand in Hand. Sind Sie selbstdiszipliniert genug, um mehr Verpflichtungen zu wagen, brauchen Sie die nötige Disziplin, um die neuen Aufgaben meistern zu können.

Der erste Schritt liegt also darin, selbstdiszipliniert die eigenen Ziele zu erforschen. Es muss Ihnen gelingen, mit Weitsicht in die bevorstehenden Monate und Jahre blicken zu können, wollen Sie Ihr Leben selbst in die Hand nehmen und die Verantwortung für das eigene Glück übernehmen.

Stellen Sie fest – nachdem Sie sich nun so intensiv mit Ihren innersten Wünschen, Träumen und Leidenschaften auseinandergesetzt haben – dass Sie vielleicht jahrelang nur vor sich hin gelebt haben, ohne dem wahren Sinn Ihres Daseins zu folgen, sollten Sie keinesfalls in Selbstmitleid versinken und damit in alte Raster verfallen.

Auch wenn Sie sich gerade nicht glücklich und zufrieden fühlen – Sie sind den wichtigsten Schritt zu mehr Selbstdisziplin gegangen. Sie haben erkannt, was Ihnen im Leben gefehlt hat.
Vielleicht war es Mut, womöglich war es eine klare Bestimmung. Doch nun, wo Sie Ihren Lebensweg klar vor Augen sehen, brauchen Sie nur noch mit Entschlossenheit, Fleiß und Struktur auf Ihre Ziele zuzugehen.

Bevor Sie endlich zur Tat schreiten können, ist es entscheidend, dass Sie alle Zweifel über Bord werfen. Solange wir zweifeln, können wir uns nicht weiterentwickeln. Verabschieden Sie sich endlich von Phrasen wie *„Dazu bin ich doch schon viel zu alt."* oder *„Das schaffe ich nie."*

Mit einer inneren Einstellung, die immer nur die Angst vor dem Scheitern im Blick hat, werden Sie Ihre Ziele niemals erreichen können. Seien Sie bereit, neue Wege zu gehen und neue Fertigkeiten zu erlernen.

Jeder Mensch plagt sich mit Selbstzweifeln. Glauben Sie mir – selbst der größte Rockstar oder der erfolgreichste Unternehmer wird hin und wieder ins Grübeln hinsichtlich seiner Fähigkeiten geraten.

Verfallen Sie also nicht in Panik, sollten Selbstzweifel in Zukunft in Ihnen aufkeimen. Sie müssen nur lernen, mit diesen umzugehen. Finden Sie in einem ersten Schritt heraus, worauf Ihre Selbstzweifel basieren!

Haben Sie Angst davor, einer Herausforderung nicht gewachsen zu sein, haben Sie ein zu geringes Selbstvertrauen. Überkommt Sie das Gefühl, eine Sache nicht zu verdienen, dann haben Sie ein zu schwaches Selbstwertgefühl. Auch ich habe mich gefragt, ob ich wirklich der richtige Ansprechpartner bin, um Tipps für ein erfolgreiches Dasein zu geben. Schließlich habe auch ich im Leben Niederlagen einstecken müssen.

An Tagen, die uns mit Zweifeln erfüllen, müssen wir uns unsere Fähigkeiten ins Bewusstsein rufen, um unsere Qualitäten selbst zu erkennen.

Ich habe es geschafft, meine Selbstzweifel zu besiegen und Sie können das auch. Ich habe erkannt, dass ich gerade aufgrund der Niederlagen, die ich durchlebt habe, wertvolle Tipps geben kann. Wer kann den Pfad zum Erfolg schon besser erklären, als derjenige, der sowohl mit Scheitern als auch mit Gelingen vertraut ist.

Profitieren Sie deshalb von den Weisheiten eines Menschen, der durch Höhen und Tiefen gegangen ist und folgen Sie diesen einfachen 5 Schritten, sollten das nächste Mal Selbstzweifel in Ihnen aufkommen.

---

1. Erforschen Sie Ihren Geist nach Selbstzweifeln! Manchmal ist uns gar nicht bewusst, dass wir an unserem Können zweifeln. Wir spinnen uns nach und nach ein Geflecht aus geringem Selbstwertgefühl, ohne es zu bemerken. Deshalb müssen Sie in einem ersten Schritt Ihre Selbstzweifel entlarven.

---

2. Unterdrücken Sie diese negativen Gefühle nicht! Nehmen Sie die Selbstzweifel wahr, damit Sie nicht noch stärker werden! Aber gewinnen Sie Abstand zu der negativen Stimme in Ihrem Kopf und glauben Sie ihr kein Wort!

3. Beginnen Sie nun mit der Analyse Ihrer Selbstzweifel. Kommen Gedanken von möglichem Scheitern wirklich aus Ihrem Innersten oder sagt Ihnen eine externe Stimme, dass Sie etwas nicht schaffen können? Sind Sie von Ihren Eltern ermutigt worden, Dinge zu wagen oder wurde Ihnen geraten, einen Gang zurückzuschalten, da Sie scheitern könnten? Ist es diese Einstellung aus Ihrer Kindheit, die Sie in Ihr Erwachsenenleben mitgenommen haben? Ertönt das nächste Mal die Stimme Ihrer Selbstzweifel in Ihrem Inneren, hören Sie genau hin! Vielleicht sind es gar nicht Sie selbst, der zweifelt und Sie können die Gedanken einfach beiseite schieben.

4. Verschwinden die Zweifel an der eigenen Person nicht, dann wenden Sie sich an einen Freund oder Ihren Partner! Vielleicht kann Ihnen ein vertrauter Mensch helfen, Ihre Selbstzweifel zu zerstreuen. Ein Außenstehender kennt die Stimme in Ihrem Inneren nicht und kann besser beurteilen, ob Sie in der Lage sind, eine Aufgabe zu meistern. Hören Sie von Ihrem Freund oder Partner ermutigende Worte, wird es Ihnen leichter fallen, Ihre Selbstzweifel zu überwinden.

5. Rücken Sie vergangene Erfolge in den Fokus! Zweifeln wir an uns selbst, sind es oft frühere Misserfolge, mit denen wir uns auseinandersetzen. Dabei müssen wir uns nur auf ehemalige Erfolge besinnen. Fertigen Sie eine Liste an mit all dem, was Sie erreicht haben! Ihr Schulabschluss, ein Hochschul- oder Berufsabschluss, einen 10-Kilometer-Lauf, eine langjährige, intakte Beziehung – Schreiben Sie alles nieder, auf was Sie mit Stolz zurückblicken! Sie werden erstaunt sein, wie lang diese Liste ist und welche Fähigkeiten deshalb in Ihnen schlummern müssen.

Ebenso wie Ihre Zweifel sollten Sie auch alle negativen Gefühle abschütteln. Die Definition von Glück ist ganz einfach: Glücklich ist jeder, der weder negative Gedanken noch Gefühle in sich trägt.

Plagen Sie sich mit Sorgen umher, werden Sie niemals zielstrebig Ihre Pläne verfolgen können! Tragen Sie Hass in sich, werden Sie nicht glücklich sein! Natürlich gibt es Situationen, in denen wir gar nicht zufrieden sein können, einfach weil die äußeren Umstände keine positive innere Einstellung zulassen. Ist ein geliebter Mensch von uns gegangen, müssen Sie Ihre Trauer zulassen. Haben Sie von der Krankheit eines Freundes erfahren, dürfen Sie die Ungerechtigkeit in dieser Welt verfluchen.

Wenn es jedoch nichts Konkretes gibt, worüber Sie sich den Kopf zerbrechen müssen oder über das Sie traurig oder besorgt sein sollten, dann werfen Sie diese unnützen Gefühle über Bord. Niemals werden Sie selbstdiszipliniert Ihre Ziele ansteuern können, wenn Sie sich von unnötigen, negativen Emotionen leiten lassen.

Zwei Arten negativer Gefühle können unser Handeln stark beeinflussen: Stress und Angst.

Auf dem Weg zum Erfolg werden Ihnen diese Empfindungen immer Ihre Ziele versperren. Sie müssen lernen, sich mit Ihrer Angst und dem dauerhaften Stress auseinanderzusetzen.

Auch hier ist der kürzeste Weg zur Überwindung Ihrer Gefühle die Selbstanalyse und die Sicht von außen. Das Unterdrücken negativer Emotionen wird Sie nicht zum Ziel führen! Sie sollten sich vielmehr mit ihnen auseinandersetzen, um sie erfolgreich abschütteln zu können.

Die geheimen drei Schritte, welche zu eigenem Wohlbefinden führen, sind folgende:

1. Analysieren Sie Ihre Empfindungen genau! Was steckt hinter Ihrer Angst? Ist Sie begründet oder können Sie diese durch ein Gespräch oder eine Änderung Ihres Lebensstils überwinden? Warum sind Sie solchem Stress ausgesetzt? Können Sie etwas an Ihrem Tagesablauf ändern, um mehr Zeit für sich zu haben? Oder verlangen Sie zu viel von sich selbst? Kümmern Sie sich um Angelegenheiten, die nicht in

Ihren Aufgabenbereich fallen, für die Sie keine Anerkennung bekommen und die Sie nicht einmal gern erledigen?

2. Nehmen Sie am Abend ein Stück Papier zur Hand und lassen Sie Ihren Tag schriftlich Revue passieren. Denken Sie nicht über Ihre Worte nach, schreiben Sie alles nieder, was vorgefallen ist. Dann legen Sie den Stift beiseite und begutachten die Geschehnisse Ihres Tages. Oft finden Sie somit die Auslöser, die Ihre Angst hervorrufen und die Situationen, die Stress in Ihnen erzeugen.

3. In einem dritten Schritt denken Sie darüber nach, wie Sie die Auslöser für die negativen Gefühle meiden oder eliminieren können. Versuchen Sie, die positiven Erlebnisse in Ihrem Leben und Alltag besonders herauszukristallisieren und lassen sie diese die Oberhand gewinnen.

Doch was sollten Sie tun, wenn Sie von negativen Gefühlen ganz plötzlich und eigentlich völlig grundlos übermannt werden?
Geht es um Ihre Gefühlslage, haben Sie – genau wie in allen Bereichen Ihres Lebens – die Wahl. Überkommen Sie aufgrund unwichtiger Kleinigkeiten Ärger, Wut oder Trauer, dann geben Sie sich den Emotionen nicht hin!

Versuchen Sie, diesen Empfindungen positive Gedanken entgegenzusetzen. Gerade im Straßenverkehr lohnt sich der Ärger über einen Verkehrsteilnehmer, der uns die Vorfahrt genommen hat, nicht.

Überflüssige Wut wird Sie Ihren Zielen nicht näherbringen. Unnötige negative Reaktionen auf Geschehnisse in unserer Umwelt sind bloße Zeitverschwendung.

Nehmen die Vorkommnisse Einfluss auf Ihr Leben, dann übernehmen Sie Verantwortung. Gehen wir davon aus, Sie haben einem Kollegen eine Aufgabe übermittelt. Dieser hat sie nicht zufriedenstellend erledigt.
Statt Ihren Kollegen für den Fehler verantwortlich zu machen und in negative Gefühlslagen zu verfallen, sollten Sie das Problem bei sich selbst suchen.

Haben Sie ihm korrekte Anweisungen gegeben? Haben Sie ihn nicht richtig in die vorliegende Arbeit eingeführt? Egal, was in Ihrem Leben auch falsch laufen mag, versuchen Sie stets Eigenverantwortung dafür zu übernehmen.

Auf diese Weise werden Sie negative Gefühle vermeiden. Sie werden sich nicht benachteiligt oder vom Schicksal bestraft fühlen. Sie werden das Problem bei der Wurzel packen und es direkt lösen, ohne Umwege über unnötiges Selbstmitleid zu nehmen.

Die Abkehr von negativen Gefühlen und die Eigenverantwortung sind zwei wichtige Pfade, die Sie zu einem disziplinierten und erfolgreichen Menschen machen werden.
Wenn es um Geld geht, meiden wir oft, Verantwortung für unsere finanziellen Angelegenheiten zu übernehmen. Egal, ob wir einen Kredit aufnehmen oder ins Aktiengeschäft einsteigen, wir riskieren es, finanzielle Güter zu verlieren.

Wer Risiken eingeht, der kann mit Gewinn oder Verlust rechnen. Ein selbstdisziplinierter Mensch verliert weder den Mut noch die Beherrschung, muss er finanzielle Rückschläge verkraften.

Sie müssen lernen, nach Niederlagen schnellstmöglich wieder auf zwei festen Beinen zu stehen und mit Zuversicht in die Zukunft zu blicken. Ihr Blick sollte stets nach vorn, nie zurück in die Vergangenheit gerichtet sein.
Reue sollte für Sie ein Fremdwort werden. Ein Mensch, der bereut, vergeudet unnütze Zeit mit Dingen, die er nicht ändern kann. Lassen Sie die Vergangenheit endlich los und schauen Sie entschlossen auf die Aufgaben, die vor Ihnen liegen.

Beginnen Sie in diesem Moment damit, Verantwortung für Ihr Leben zu übernehmen, indem Sie für alles, was heute geschieht und für jeden Aspekt, den Ihre Persönlichkeit jetzt ausmacht, Rechenschaft gegenüber sich selbst ablegen.

Kommen Sie zu spät zur Arbeit, dann geben Sie die Schuld nicht dem Verkehr oder der verspäteten U-Bahn. Suchen Sie den Fehler bei sich! Wären Sie früher aufgestanden, hätten Sie einen Zeitpuffer auf dem Weg zur Arbeit gehabt und hätten pünktlich am Schreibtisch sitzen können.

Ist Ihr Vorgesetzter unzufrieden mit einem Projekt, an dem Sie mit anderen Angestellten gearbeitet haben, dann machen Sie nicht Ihre Kollegen für den Groll Ihres Chefs verantwortlich. Suchen Sie den Fehler bei sich selbst!

Auf diese Weise übernehmen Sie Verantwortung für alle Dinge, die in Ihrem Alltag geschehen. Sie werden immer mehr gewillt sein, Ihre täglichen Aufgaben gewissenhafter und zielführender zu erfüllen. Ganz automatisch werden Sie zu mehr Selbstdisziplin gelangen.

Vielleicht sind Sie glücklich in der Tätigkeit, mit der Sie Ihren Lebensunterhalt verdienen und mit der Sie sich selbst und Ihre Familie ernähren. Von Zeit zu Zeit wünschen Sie sich aber mehr von Ihrem beruflichen Leben, eine höhere Position und ein höheres Einkommen.

Vielleicht verfolgen Sie einen langjährigen Reisetraum oder Sie wollen ein eigenes Projekt in die Tat umsetzen. Meistens benötigen wir für die Umsetzung unserer Träume finanzielle Mittel. Egal, ob wir eine Firma ins Leben rufen wollen oder Ausrüstung für ein neues Hobby erwerben wollen. Geld ist oft der Garant für unser Glück.

Versuchen Sie also, wenn Sie in Ihrem Job glücklich sind, eine höhere Gehaltsklasse zu erlangen, um Ihre Träume Wirklichkeit werden zu lassen. Auch wenn Ihr Vorgesetzter zufrieden mit Ihrer Arbeit ist, wird er nicht von selbst auf Sie zukommen und Ihnen eine Gehaltserhöhung anbieten.

Wollen Sie an Ihrer beruflichen Stellung etwas ändern, müssen Sie diesen Schritt selbst in die Hand nehmen. Das Glück wird Ihnen nicht zufliegen. Sie müssen Ihrem Vorgesetzten klarmachen, dass Sie nach Höherem streben.

Erfüllen Sie die Aufgaben, die Ihnen gegeben werden, nicht nur zuverlässig und zufriedenstellend. Machen Sie Ihrem Vorgesetzten nach der Fertigstellung all Ihrer Projekte klar, dass Sie bereit sind, mehr für das Unternehmen zu tun.

Wagen Sie es, in das Büro Ihres Chefs zu gehen und ihm zu sagen, dass Sie sich mehr Verantwortung zutrauen. Sie müssen Ihrem Vorgesetzten signalisieren, dass mehr in Ihnen steckt und dass Sie dieses Potenzial nutzen wollen, um ein Gewinn für dessen Firma darzustellen.

Auch im Privatleben müssen Sie den Mut aufbringen, Ihre Gedanken und Gefühle mit Freunden und Ihrem Partner zu teilen. Ihre Mitmenschen können nicht wissen, was in Ihnen vorgeht, wenn Sie nicht offen auf Sie zugehen.

Wollen Sie auch privat glücklich sein, dann finden Sie die Courage, über Probleme zu sprechen oder einen Menschen, der Ihnen zusagt, anzusprechen. Der Pfad zum Erfolg führt über den Mut, sich selbstbewusst zu zeigen und die eigenen Ziele selbstbewusst mit anderen zu teilen.

Ärgern Sie sich über das Verhalten eines Freundes, müssen Sie ihn offen darauf ansprechen. Schweigend können Konflikte nicht gelöst werden. Manchmal fällt es schwer, Probleme mit unseren Mitmenschen zu benennen. Doch Sie müssen den Mut finden! Eigeninitiative ist der kürzeste Weg zu beruflichem und privatem Glück.

Haben Sie Verantwortung für gegenwärtige Ereignisse und Ihre Zukunft übernommen, lohnt sich an dieser Stelle der Blick in die Vergangenheit. Gibt es etwas, das Ihnen auf der Seele brennt? Ist in der Vergangenheit etwas geschehen, was Sie heute noch belastet?

Dann müssen Sie sich damit auseinandersetzen. Finden Sie einen Weg, um mit diesem Rückschlag umzugehen. Haben Sie einen Fehler in der Vergangenheit begangen, über den Sie heute noch oft grübeln, wird es Zeit, diesen wieder geradezubiegen. Vor allem im Privaten sollten Sie endlich reinen Tisch machen.

Wenn Sie an eine Beziehung zurückdenken, die Ihnen Unglück bereitet hat, dann überlegen Sie, welche Gegebenheiten für Ihr Unglück verantwortlich waren. Denken Sie in einem zweiten Schritt darüber nach, inwieweit Sie diese Probleme durch Ihr Verhalten selbst verursacht haben.

Sind Sie auf eine Person, die Sie in der Vergangenheit begleitet hat, noch immer wütend, vergeben Sie diesem Menschen. Der Akt der Vergebung wird Sie emotional befreien. Sie können sich im Anschluss wieder vollkommen auf die Zukunft und Ihre Ziele konzentrieren.

Ballast aus der Vergangenheit wird Sie vom Pfad der Selbstdisziplin und damit vom Weg zum Erfolg abbringen. Manchmal blicken wir mit Wehmut auf die Dinge zurück, die wir verpasst oder falsch gemacht haben.

Wir verbringen ganze Stunden damit, verflossenen Chancen nachzutrauern. Sie können Ihrer Selbstdisziplin einen enormen Aufwind verschaffen, wenn Sie sich diese Angewohnheit ein für alle Mal abgewöhnen.

Dinge, die vergangen sind, können wir nicht ändern. Wir können jedoch versuchen, Fehler wiedergutzumachen. Ist eine Chance unwiederbringlich verloren, dann verabschieden Sie sich endgültig von ihr. Diese Schritte können Ihnen dabei helfen:

1. Geben Sie den Gedanken über vergangene Dinge keinen Raum! Wenn Sie merken, dass etwas verloren ist, versuchen Sie, den Verlust zu akzeptieren und nicht länger darüber nachzudenken. Je mehr Raum wir dem Bedauern geben, desto mehr wird uns dieses Gefühl einnehmen.

2. Lenken Sie Ihre Gedanken auf etwas Positives, was vor Ihnen liegt. Wenn Sie zum Beispiel am Morgen erwachen, dann denken Sie an all die angenehmen Dinge, die Sie heute tun werden. Bereits zu Beginn des Tages bestimmen wir selbst die Grundstimmung, die uns bis in den Abend hinein begleiten wird.

3. Sollte etwas sehr Negatives geschehen, dann geben Sie dieser Tatsache oder diesem Ereignis so wenig Raum wie möglich. Versuchen Sie, mit Weitsicht in die Zukunft zu blicken. Inwieweit wird Sie dieses Geschehnis in nächster Zeit beeinflussen? Wird es Sie auch in drei Wochen noch belasten? Oder können Sie durch konzentriertes Handeln Ihrem Leben eine günstige Richtung geben?

4. Versuchen Sie jeden Tag, Ihren Fokus auf angenehme, zukünftige Dinge zu lenken! Eine positive Einstellung können Sie wie Ihren Bizeps oder Ihre Bauchmuskeln trainieren.

Eine Eigenschaft, die viele von uns auf dem Weg zum Erwachsensein verlieren, ist Neugier. Dabei ist der unermüdliche Wissensdrang ein wichtiger Antrieb im menschlichen Dasein. Meiner Meinung nach haben wir mit dem Verlust dieser kindlichen Eigenschaft den Pfad zum Glück verloren.

Smartphone, Tablet und Co. können sowohl Hilfsmittel sein, um unsere Neugier hinsichtlich eines Themas zu stillen. Wir können Wikipedia und Apps zu Lernzwecken nutzen, um uns tagtäglich weiterzubilden.

Der falsche Umgang mit der digitalen Welt kann aber auch dazu führen, dass unser Wissensdurst und die Abenteuerlust, die uns als Kind antrieb, versiegt.

Das Internet ist eine reiche Quelle für Informationen. Gehen wir sorgsam mit diesem Medium um, können wir vom großen digitalen Wissensfundus profitieren. Doch wir müssen bereit sein, auch die richtigen Fragen zu stellen.

Jedoch befriedigen uns die inhaltsleeren Medieninhalte des Internets, sodass wir kaum noch hinterfragen. Wir nehmen die Informationen wie sie sind, wir lassen uns das Denken abnehmen. Wir stellen Geschehnisse in unserer Umwelt nicht länger in Frage und verlieren somit unser eigenes Selbst, ohne es zu bemerken.

Deshalb schlage ich Ihnen vor, alle digitalen Medien für ein paar Minuten am Tag ruhen zu lassen, damit Sie sich für diese Zeit auf sich selbst konzentrieren können.

Nutzen Sie diese Zeit, die ganz Ihnen gehört, um herauszufinden, inwiefern Sie die letzten Stunden genutzt haben, um Ihren Zielen näherzukommen und was Sie sich in nächster Zeit vornehmen wollen.

Auf diesem Wege können Sie herausfinden, ob Sie sich gerade auf dem Pfad befinden, der Sie zum Erfolg und zum Glück führt.
Stellen Sie fest, dass Sie immer wieder unzufrieden mit den Geschehnissen des Tages sind oder dass Sie gar nicht definieren können, was Sie sich vom nächsten Tag wünschen, ist es Zeit, den Stift zu zücken.

Beantworten Sie für sich die folgenden Fragen und halten es schriftlich fest:

1. Sind Sie rundum zufrieden mit Ihrem Job? Wenn dem nicht so ist, dann fragen Sie sich: Wenn Sie jetzt die ideale Arbeit hätten, wie würde Ihre Tätigkeit aussehen? Gibt es eine Fähigkeit, die Sie erlernen sollten, um zu diesem, für Sie perfekten Beruf, zu gelangen?

2. Wie sieht Ihre perfekte Partnerschaft aus? Führen Sie die ideale Beziehung? Dann befinden Sie sich auf dieser Ebene auf dem richtigen Weg. Wenn nicht, was könnten Sie tun, um Ihre Partnerschaft ideal zu gestalten?

3. Wie könnten Sie Ihre Finanzen ins Reine bringen? Haben Sie Schulden? Und welche Fähigkeit könnten Sie erlangen, um sich in diesem Bereich zu verbessern?

4. Ist Ihre Gesundheit in einem idealen Zustand? Falls nicht, was könnten Sie tun, um Körper und Psyche zu stärken?

5. Wie genau würde für Sie der absolute Erfolg aussehen? Und welche Fähigkeit würden Sie benötigen, um diesen zu erhalten?

6. Welche ist die Eigenschaft, die Sie erlangen sollten, um Ihren Zielen näher zu kommen?

Sie haben, wenn Sie ehrlich zu sich selbst waren- und das sollten Sie immer sein - eine ganze Reihe von Verbesserungsvorschlägen auf Ihrem Zettel, die Ihnen auf dem Weg zum Erfolg helfen werden.

Der kürzeste Pfad zu einem disziplinierteren Leben besteht darin, sich jeden Tag der Erlangung dieser Fähigkeiten und Eigenschaften zu widmen. Wie genau Ihnen das gelingt, verrate ich Ihnen in den folgenden Kapiteln.

Trainieren Sie Ihre Selbstdisziplin wie einen Muskel

Eine morgendliche Routine gibt Ihnen den richtigen Antrieb für den Tag. Trott sollten Sie niemals einkehren lassen, wenn es um Ihre Ziele und Ihren Lebensweg geht. Eintönigkeit ist nicht nur der Tod jeder Beziehung, es ist auch der Untergang jedes Erfolgs.

Haben Sie sich ein Ziel gesetzt und dieses auch erreicht, dürfen Sie sich auf diesem Gewinn nicht zu lange ausruhen.
Trainiert ein Läufer für einen Marathon und absolviert er diesen nach vielen Wochen des Trainings erfolgreich, sollte er nach kurzer Ruhepause beginnen, wieder in die Laufschuhe zu steigen. Die Fitness, die er sich über Monate antrainiert hat, ist ansonsten ganz schnell wieder verloren.

Genauso verhält es sich auch mit antrainierter Selbstdisziplin. Machen Sie nicht den fatalen Fehler, sich darauf auszuruhen, haben Sie dank selbstdiszipliniertem Verhalten einen Erfolg erlangt. Selbstdisziplin ist eine Eigenschaft, die Sie sich bis ans Ende Ihres Lebens bewahren sollten.

Oft beginnen wir einen neuen Job mit Hingabe. Wir wollen schnell vom Anfänger zum professionellen Mitarbeiter aufsteigen. Haben wir dann aber ein gewisses Jahreseinkommen und den angestrebten Status erlangt, setzen wir uns oft keine beruflichen Ziele mehr.
Manche Angestellte beginnen lange vor dem Ruhestand die Jahre und Monate, vielleicht sogar die Wochen und Tage bis zu ihrer Rente zu zählen. Dabei ist die Zeit bis zum verdienten Arbeitsende auch wert-

volle Lebenszeit, in der wir neue Fähigkeiten erlernen und unsere Träume realisieren können und sollten.

Lassen Sie nicht Routine und den Alltag Herr über Ihr Leben werden! Verfolgen Sie jeden Tag ambitionierte Ziele und lassen Sie sich niemals von jemandem einreden, dass Sie diese nicht erreichen können! Ohne zielstrebiges Verfolgen unserer Träume verliert das Leben den Sinn.

Gehen Sie jeden Tag mit Tatendrang und Lebenslust an! Das wird Ihnen am besten gelingen, wenn Sie an Ihren Wünschen festhalten, die Sie tagtäglich voller Selbstdisziplin verfolgen.
Ein Lebenstraum, dem Sie strebsam folgen, wird Sie an jedem Morgen beim ersten Klingeln des Weckers aus dem Bett springen lassen. Das Betätigen der Schlummertaste ist stets ein Zeichen für mangelnde Selbstdisziplin und für fehlende Ideen, die Sie Ihren innersten Träumen und Werten eben nicht näherbringen.

Wenn Sie sich immer wieder neue Ziele setzen und diesen mit Hingabe nachgehen, trainieren Sie auch Ihre Selbstdisziplin ununterbrochen. Über Ihre Ziele haben Sie durch die Fragestellungen, die ich Ihnen im ersten Teil meines Buches vorgestellt habe, nachgedacht.

Sie wissen dank des japanischen *Ikigai*-Prinzips welche Leidenschaften, welche Berufung und welche Bestimmung Sie in Ihrem Leben verfolgen wollen. Nun wird es Zeit, an diesen zu arbeiten.

Wollen Sie ein Schriftsteller werden, reicht es nicht, wenn Sie sich an den Laptop setzen und einfach loslegen: Sie müssen Fähigkeiten erlangen und erlernen.

Sie müssen sich jeden Tag mit Sprache auseinandersetzen, um Sie in Perfektion aufs Papier bringen zu können. Sie können andere Schriftsteller studieren, um von deren Können zu lernen und einen eigenen Stil daraus zu entwickeln. Sie können Seminare und Kurse besuchen, in denen Ihnen Experten die nötigen Fähigkeiten vermitteln.

Auch der kürzeste Weg zu einem eigenen Business führt über disziplinierte Weiterbildung. Sie müssen versuchen, sich immer tiefer in die Materie einzufinden. Sie müssen lernen, wie ein Geschäft aufgebaut ist. Sie sollten alle finanziellen Aspekte genau durchschauen, dazu müssen Sie sich Wissen und Fähigkeiten aneignen.

Selbstdisziplin ist der Wille zu Weiterentwicklung. Wollen Sie etwas Neues in Ihrem Leben beginnen und Ihre Träume endlich verwirklichen, müssen Sie den Willen haben, sich mit unbekannter Materie vertraut zu machen.

Nur mit genügend Selbstvertrauen springt man ins kalte Wasser und gewinnt die Kontrolle über sich selbst. Wer die Macht über die eigene Person erlangt, kann Probleme, Wünsche und Träume mit Selbstdisziplin in Angriff nehmen.

Egal, was auch passiert, bleiben Sie Ihrem Weg treu. Kommt es zu Rückschlägen, lassen Sie sich nicht aus der Bahn werfen. Zwei fatale Fehler auf dem Weg zum Erfolg sind: Beschweren und Rechtfertigen.

Mit beiden Vorgehensweisen offenbaren Sie Ihrer eigenen Person und auch anderen, dass Ihnen der Mut fehlt, Ihr Leben in die Hand zu nehmen.

Beginnen Sie damit, Ihre Handlungen und Vorhaben vor anderen zu rechtfertigen, signalisieren Sie, dass es Ihnen an Glauben an sich selbst fehlt. Vermeiden Sie diesen Fehler: Stehen Sie zu Ihren Plänen und scheuen Sie sich nicht davor, sich immer wieder neue ambitionierte Ziele zu setzen!

Auf dem Pfad zu unseren Zielen kommt es zwangsläufig zu Hindernissen. Der kürzeste Weg, um diese zu überwinden, liegt darin, sie nicht als unüberwindbare Barrieren, sondern als Aufgaben, an denen wir wachsen können, wahrzunehmen. Betrachten Sie die Hürden als Übungen, um Ihre Persönlichkeit zu stärken.

„Was uns nicht umbringt, macht uns stärker!“ Diese alte Weisheit sollten Sie sich zu Herzen nehmen. Arbeiten Sie voller Selbstbewusstsein und Hingabe daran, die auf Ihrem Weg liegenden Hindernisse zu überwinden.

Betrachten Sie diese Hindernisse niemals als einen Grund, Ihr Unterfangen abzubrechen. Gehen Sie auch nicht in langen Umwegen um sie herum. Überwinden Sie sie mit aller Kraft und freuen Sie sich über die Errungenschaften, die Sie erlangt haben, weil Sie sich mit ihnen auseinandergesetzt haben!

Manchmal glauben wir, mit einem gut bezahlten Job den Endpunkt unserer Karriere erreicht zu haben. Uns ist es schließlich gelungen, unseren einstigen Traum von Unabhängigkeit gegenüber anderen Menschen zu erreichen.

Das Gehalt macht es möglich, uns Annehmlichkeiten, wie einen wöchentlichen Restaurantbesuch und einen alljährlichen Urlaub in Übersee gönnen zu können. Routiniert gehen wir unserem Job nach, aber soll das wirklich alles sein?

Jeder Moment in Ihrem Leben ist ein Geschenk. Hören Sie endlich auf, die Tage bis zum Wochenende, bis zum Urlaub oder gar bis zur Rente zu zählen und nehmen Sie Ihr Leben mit Freude in die eigene Hand.

Haben wir ein gewisses Lebensziel erreicht, neigen wir dazu, uns auf diesem Erfolg auszuruhen. Wir stagnieren während sich die Welt um uns herum weiter dreht. Wir müssen stets bedenken, dass wir uns weiterentwickeln müssen, um unseren gesellschaftlichen Posten nicht zu verlieren.

Gerade im digitalen Zeitalter geschieht Fortschritt rasanter als jemals zuvor. Haben wir einmal den Anschluss verloren, ist es schwer, wieder anzuknüpfen und weiterhin ein wichtiger Teil des großen Ganzen zu sein.

Gerade deshalb sollten wir jeden Tag an unseren Fähigkeiten und unserem Wissen arbeiten. Es ist sinnvoll, einen Teil des monatlichen Gehalts in das eigene Training zu investieren.
Unternehmen nutzen drei Prozent ihres Gewinns, um Angestellte weiterzubilden. Daran können Sie sich orientieren! Drei Prozent Ihres Einkommens sollten Sie verwenden, um an Kursen oder Seminaren teilzunehmen, die Sie Ihren Zielen näher bringen werden.

Lebenslanges Lernen ist der Schlüssel zum Erfolg. Sie können Geld nicht besser investieren, als in die Weiterbildung der eigenen Persönlichkeit. Der Erwerb dieses Buches war der erste Schritt, nun können Sie weitere Schritte einleiten.

Vielleicht besuchen Sie einen Kurs an der Volkshochschule oder nehmen sogar ein Fernstudium auf, um Experte in einem neuen Feld zu werden. Neue Türen werden sich Ihnen öffnen, wenn Sie einen Teil Ihres Einkommens in ein weiterführendes Studium investieren.

Viele von uns haben den vagen Traum, im Erwachsenenalter noch einmal einen neuen Weg einzuschlagen. Doch uns fehlt der Mut und wir finden Ausreden, um im alten Trott zu verharren.

„Ich habe doch bereits eine abgeschlossene Ausbildung und einen Job, der unser Auskommen sichert.“, „Ich schaffe kein Studium neben der Kindererziehung.“, „Eigentlich habe ich doch gar keine Zeit für eine Weiterbildung.“.

Solche und ähnliche Ausreden halten uns davon ab, uns weiterzuentwickeln und neue Wege zu bestreiten. Dabei ist es immer möglich, an uns zu arbeiten. Wir müssen bereit sein, unseren Tagesverlauf strukturiert zu planen und Aktivitäten, die bloßer Zeitvertreib sind, aus unserem Leben zu eliminieren.

Nur wenn Sie sich weiterentwickeln, eröffnen sich Ihnen neue Horizonte. Sie werden in der Lage sein, Ihre Träume zu verwirklichen und womöglich mehr Geld zu verdienen. Dann können Sie sich über den Gewinn der Investition in Ihre eigene Ausbildung freuen.

Natürlich können Sie sich auch weiterentwickeln, ohne Geld in ein Fernstudium investieren zu müssen. Ein paar einfache Tipps können Sie schrittweise ans Ziel Ihrer Träume bringen:

---

1. Lesen Sie jeden Tag eine Stunde Literatur zum Themenbereich, in dem Sie erfolgreich werden wollen!

2. Wenn Sie im Auto unterwegs sind, hören Sie informative Podcasts oder Hörbücher zum Thema!

3. Kommen Sie mit anderen ins Gespräch! Vielleicht haben Freunde Ideen, die Sie weiterbringen können, oder forschen Sie online in speziellen Foren zum Thema.

Diese drei Methoden werden Sie über einen gewissen Zeitraum zum Experten auf jeglichem Gebiet machen. Lesen Sie jeden Tag eine Stunde, können Sie in jeder Woche ein Buch vollenden. Das sind mehr als fünfzig Bücher im Jahr.

Den meisten Menschen gelingt die Lektüre eines Fachbuches in diesem Zeitraum. Trainieren Sie Ihre Lesegewohnheiten auf eine tägliche Stunde, können Sie binnen eines Jahres viele wichtige Bücher zum Thema lesen. Sie befinden sich damit auf der Schnellstraße zum Profi.

Genauso kann es Ihnen auf dem Weg zum Experten helfen, Podcasts oder Hörbüchern zu folgen. Sind Sie zu Kunden oder Terminen in Ihrem Auto unterwegs, nutzen Sie die Zeit, indem Sie über Ihr Gehör Informationen und Tipps von erfolgreichen Menschen aufnehmen.

Begeben Sie sich auf den kürzesten Pfad zum Erfolg, indem Sie bestimmte tägliche Beschäftigungen aus dem Weg räumen. Statt am Abend vor dem Fernseher inhaltsleeren Sendungen zu folgen, können Sie den Vorlesungen eines Professors oder Dokumentationen zu einem Thema, das Sie interessiert, verfolgen.

Statt viele Stunden Ihres Lebens für Videospiele zu verschwenden, sollten Sie einen Sportkurs besuchen oder ein Work-out in Eigenregie absolvieren. Durch sportliche Aktivitäten werden Sie zu neuen Kräften kommen. Ihr Geist wird bereit sein, Informationen viel besser aufzunehmen.

Versuchen Sie, an jedem Tag die beste Version von sich zu sein. Haben Sie das Gefühl, in einem Job festgefahren zu sein, bilden Sie sich weiter. Sehen Sie auch kleine Aufgaben als Herausforderung an und versuchen Sie diese bestmöglich zu Ihrer eigenen Zufriedenheit zu erfüllen, statt Sie nur abzuhaken.

Das Leben sollte mehr sein als das bloße Erledigen gestellter Aufgaben. Tun Sie am besten alles mit Hingabe. Suchen Sie sich neue Aufgaben, durch die Sie neue Fähigkeiten erlernen können. Wenn Sie aufhören, ambitionierte Ziele zu verfolgen, verlieren Sie ganz schnell den Pfad zu einem erfolgreichen und glücklichen Dasein.

Richten Sie den Blick nach vorn, um immer stärker in den Bereichen zu werden, die Ihnen etwas bedeuten. Brechen Sie in jeder Lebensphase zu neuen Ufern auf und sehen Sie am Morgen den Tag als das, was er ist – ein Geschenk, aus dem Sie das Beste machen sollten.

Etablieren Sie eine Morgenroutine, die zum Erfolg führt

Jeder Morgen ist ein kleiner Neubeginn und damit eine neue Chance, um zu persönlichem Erfolg zu gelangen. Beim Hausbau ist das Fundament von großer Bedeutung. Geht dabei etwas schief, droht das gesamte Haus umzukippen. Und genauso ist es auch mit dem Morgen eines Tages.

Frühmorgens nach dem Aufstehen legen Sie das Fundament, auf dem Ihr Tag aufbaut. Bilden Sie zu Beginn eine solide Grundlage, auf denen alle Unternehmungen des Tages sicher und fest stehen können, werden Sie am Abend auf erfolgreiche Stunden zurückblicken können.

Der erste Stolperstein am Morgen ist die Schlummertaste auf Ihrem Wecker. Diese verleitet Sie dazu, die Faulheit und Trägheit in Ihrem Inneren siegen zu lassen. Betätigen Sie diese Taste, haben Sie sich schon gegen einen erfolgreichen Tag entschieden.

Die Kunst des frühen Vogels liegt im richtigen Timing. Klingelt Ihr Wecker zur rechten Zeit, werden Sie motiviert und voller Elan die Augen öffnen.

Jeder Mensch hat einen anderen Biorhythmus. Vielleicht beneiden Sie Ihren Partner, weil dieser am Morgen gut gelaunt und voller Energie aus dem Bett springt. Sie würden sich aber am liebsten einfach unter der Bettdecke verkriechen und die nächsten Stunden verschlafen.

Mit einem einfachen Trick kann es auch Ihnen gelingen, beim Ertönen des Weckers freudig den vor Ihnen liegenden Aufgaben entgegenzufiebern.

Das Geheimnis liegt darin, sich nicht aus einer Tiefschlafphase reißen zu lassen. Doch wie stellen Sie fest, in welcher Schlafphase Sie sich am Morgen befinden?

Glücklicherweise leben wir in einer modernen Welt, in der intelligente Wecker existieren, die unsere Bewegungen im Schlaf registrieren. Diese Schlafphasen-Wecker erkennen anhand Ihres Verhaltens die Schlafperiode, in der Sie sich gerade befinden.

Sie legen einen Zeitrahmen fest, in dem Sie geweckt werden wollen und der Wecker weiß genau, wann der perfekte Moment gekommen ist, um Sie aus dem Schlaf zu holen.

Für manche Smartphones ist der Schlafphasen-Wecker als App verfügbar. Zur Registrierung Ihrer Aktivität dient der Bewegungssensor Ihres Handys.

Neben einem solchen Wecker habe ich auch einige weitere Tipps, um am Morgen schlechte Laune zu verhindern und so mit einem angenehmen Gefühl in den Tag starten zu können:

1. Ein zu schriller oder lauter Wecklaut wird Ihnen die Stimmung verderben, bevor Sie überhaupt aufgestanden sind. Versuchen Sie, einen sanften Ton für das morgendliche Aufwachen zu finden. Ich persönlich komme jeden Morgen durch einen Gongschlag aus dem Land der Träume zurück in die Realität.

2. Auch Lichtwecker können bei Morgenmuffeln hilfreich sein. Wenn Geräusche am Morgen negative Gefühle in Ihnen auslösen, dann versuchen Sie, sich durch Lichteffekte wecken zu lassen. Die Helligkeit hindert unseren Körper daran, das Schlafhormon Melatonin zu produzieren. Wir werden automatisch wach.

3. Wenn musikalische Klänge bei Ihnen stets für gute Laune sorgen, dann nutzen Sie einen Radiowecker, um in den neuen Tag starten zu können.

4. Wenn der Wecker klingelt, sollten Sie sich erst ausgiebig strecken, bevor Sie voller Elan aus dem Bett springen. Das macht Körper und Geist wach.

5. Der erste Gang sollte Sie zum Fenster führen. Frische Luft wird Ihnen einen klaren Kopf verschaffen. So können Sie Ihren Tag mit voller Kraft und Konzentration in Angriff nehmen.

6. Wenn Sie mutig sein wollen, dann wagen Sie eine kalte Dusche. Danach sind Sie sicher vollkommen wach.

Wenn Sie trotz all dieser Tricks beim Erwachen Müdigkeit verspüren, dann übernehmen Sie, wie ich es Ihnen im ersten Teil vermittelt habe, Verantwortung für Ihr Leben. Fühlen Sie sich am Morgen unausgeschlafen, ist es oft Ihrem eigenen Handeln am Vorabend zuzuschreiben.

Übernehmen Sie Verantwortung dafür, dass Sie am gestrigen Abend nicht früh genug ins Bett gegangen sind und stehen Sie voller Tatendrang auf!

Der kürzeste Weg zu einem erfolgreichen Tag ist das zeitige Aufstehen. Stellen Sie den Wecker so, dass Sie zwei Stunden, bevor Sie das Haus verlassen müssen, aus dem Bett steigen.

Das verschafft Ihnen nicht nur genügend Zeit, um ein nahrhaftes und gesundes Frühstück einzunehmen und sich zurechtzumachen, Sie haben auch die Möglichkeit binnen dieses entspannten Morgens etwas für sich selbst – Ihr Glück und Ihren Erfolg – zu tun.

Wollen Sie Ihren Körper in Form bringen, damit Sie gesund durch den Tag schreiten können, dann schlüpfen Sie in Ihre Turnschuhe, nehmen Sie ein heimisches Work-out in Angriff oder gehen Sie ins nahe gelegene Fitnessstudio.

Wenn Sie Sport treiben, können Sie neben der körperlichen Betätigung auch Ihren Geist trainieren.

Setzen Sie Kopfhörer auf und folgen Sie informativen Podcasts oder Hörbüchern. Jeden Tag kommen neue kostenlose Mediendateien heraus, mit deren Hilfe Sie Ihr Wissen rund um alle erdenklichen Themen ausbauen können. Der Fundus an Podcasts ist unglaublich facettenreich, Sie müssen ihn nur nutzen!

Natürlich können Sie am Morgen auch Ihre tägliche Lektüre in Angriff nehmen. Zu früher Stunde sind wir sehr aufnahmefähig.

Die Geschehnisse des Tages haben noch nicht für Ablenkung in unserem Denken gesorgt, wir sind offen für Neues. Der Morgen ist ein guter Zeitpunkt, um sich mit wichtigen Dingen zu beschäftigen

Investieren Sie die erste Stunde des Tages in die eigene Ausbildung oder in Ihr Wohlbefinden, schaffen Sie ein Fundament, auf dem Ihr Tag aufbaut. Die Grundmauern sind fest und stabil. Sie werden nicht ins Wanken geraten und mit selbstbewussten Schritten den Pfad zum alltäglichen Erfolg beschreiten können.

Vielleicht stehen bei Ihnen bereits sehr früh am Morgen die ersten Verpflichtungen an. Haben Sie kleine Kinder oder beginnt Ihr Arbeitstag bereits vor 7:00 Uhr, ist es schwer, eine Stunde für sich selbst zu gewinnen. Versuchen Sie dann, die Zeit, die Ihnen am Morgen bleibt, so einfach wie möglich zu gestalten.

Schenken Sie Ihrem Smartphone keine Aufmerksamkeit. Viel zu schnell verschwenden Sie Zeit in sozialen Netzwerken. Schalten Sie das Handy erst im Büro oder am Vormittag zu Hause ein, können Sie einen Morgen ohne digitale Störungen genießen und die wenigen Minuten, die Ihnen bleiben, wichtigeren Dingen widmen.

Bereiten Sie am Vorabend alles vor, was Sie für Ihre morgendliche Routine benötigen! Dadurch können Sie wertvolle Zeit sparen. So können Sie zum Beispiel die Kaffeemaschine am Abend mit Wasser auffüllen, Ihr Frühstück können Sie vorbereiten, indem Sie Müsli oder Brot bereits in Griffweite stellen.

Wenn Sie sich am Abend Ihre Garderobe für den nächsten Tag bereitlegen, ersparen Sie sich am Morgen die leidige Suche nach der passenden Kleidung. Müssen Sie sich nach dem Aufstehen nicht mit unwichtigen Entscheidungen und Handlungen umherschlagen, können Sie Ihre wertvolle Zeit den wichtigen Dingen widmen.

Vielleicht schaffen Sie es mithilfe dieser einfachen Tipps trotz Kinder oder des frühen Arbeitsbeginns, zehn Minuten zu meditieren oder ein Kapitel in dem Buch zu lesen, das Sie gerade zur Weiterbildung nutzen.

Egal, wie viel Sie am Morgen auch zu erledigen haben, versuchen Sie wenigstens ein paar Momente zu finden, um etwas für sich selbst zu tun. Glauben Sie mir, der Morgen bestimmt den Lauf Ihres Tages. Ein angenehmer und erfolgsversprechender Morgen wird zu einem erfolgreichen Tag führen.

Ist es Ihnen gelungen, eine stabile Morgenroutine zu entwickeln, in der Sie sich Zeit für sich selbst nehmen, wird sich Ihr Leben ganz automatisch verändern. Sie werden Ihren Abend so gestalten, dass Sie am Morgen voller Elan und Kraft aus dem Bett springen können.

Statt mit nächtlichem Fernsehschauen Ihre Zeit zu vergeuden, werden Sie früher ins Bett gehen, einen erholsamen Schlaf finden und das morgendliche Klingeln des Weckers nicht länger mit Groll empfangen, egal, wie früh der Wecker Sie auch aus dem Schlaf holen mag.

Sie werden bemerken, wie Ihnen die Aufgaben des Tages leichter fallen. Ihr Selbstbewusstsein wird an Qualität gewinnen, Sie werden mehr auf sich achten und ein besseres Körpergefühl erlangen. Eine gleichbleibende Morgenroutine ist der Grundstein für Ihren persönlichen Erfolg!

Mit Fleiß und Fokus zum Erfolg

Auf einer Zugfahrt lassen sich selbstdisziplinierte Menschen stets durch simple Beobachtung ausmachen. Sie tippen auf den Tasten, Sie haben die Studienbücher vor sich ausgebreitet oder Sie lesen ein Werk, das Sie in irgendeiner Form auf Ihrem Lebensweg voranbringen wird.

Ein erfolgreicher Geschäftsmann tippt im Zug oft schon nach erst zehn Sekunden des Platznehmens auf seinem Laptop. Auch ein strebsamer Student hat seine Bücher meist noch vor dem Anfahren des Zuges vor sich ausgebreitet.

Wer seine Ziele erreichen will, muss hart arbeiten. Fleiß ist eine der Haupttugenden, die bestimmen, ob man im Leben viel erreicht.

Eine Umfrage in den USA, in der Millionäre der ersten Generation nach ihrem Erfolg befragt wurden, hat ergeben, dass die meisten der Superreichen ihren Ruhm und Reichtum auf harte Arbeit zurückführen. Schon Albert Einstein sagte: „Persönlichkeiten werden nicht durch schöne Reden geformt, sondern durch Arbeit und eigene Leistung."

Wer nicht mit Fleiß und Ausdauer den eigenen Träumen folgt, wird sie niemals erreichen.

Haben Sie sich Ihre Ziele vorgenommen, ist direkt die Zeit gekommen an ihnen zu arbeiten. Selbstdisziplin ist ganz eng mit dem inneren Willen verknüpft. Natürlich wird auch jemand für die Abschlussprüfung lernen, der Druck von außen erfährt.

Wer aber einen starken Willen hat und ein Ziel unbedingt erreichen will, der widmet sich seinen Aufgaben nicht mit Druck und Angst vor dem finanziellen Ruin, sondern mit Hingabe und Zielstrebigkeit.

Und eines kann ich Ihnen versprechen: Die harte Arbeit wird sich auszahlen. Bleiben Sie in schwierigen Situationen standhaft und verfolgen Sie Ihre Ziele – egal, wie groß die Ablenkungen oder Schwierigkeiten sein mögen – werden Sie zu einem besseren Menschen.

Der Begriff Reue wird ein Fremdwort für Sie werden. Jeden Morgen können Sie selbstbewusst in den Spiegel blicken, denn Sie sehen einen Menschen vor sich, der seine Ziele verfolgt, ohne sich vom Weg abbringen zu lassen.

Arbeiten Sie hart, um Ihre Träume Wirklichkeit werden zu lassen, werden Sie sich nicht nur selbst respektieren. Auch Ihr Umfeld wird von Ihrer inneren Stärke beeindruckt sein. Hören Sie auf, andere zu beneiden und werden Sie selbst zum Objekt, das beneidet wird.

Vor allem im Berufsleben sind Fleiß und Struktur die zwei entscheidenden Pfeiler des Erfolgs.

Leiter großer Firmen und Unternehmen wurden gefragt, was die wichtigsten Eigenschaften seien, die ein neuer Mitarbeiter mitbringen sollte.

85 Prozent der Befragten antworteten, dass ein Bewerber vor allem fähig sein sollte, Prioritäten zu setzen, an hochwertigen Projekten zu arbeiten und die Disziplin mitbringen sollte, Aufgaben schnell und gewissenhaft erledigen zu können.

Fleiß und Fokus sind demnach genau die beiden Eigenschaften, die Sie in Ihrem Job zeigen sollten. Wenn Sie zielstrebig und mit vollem Einsatz an Ihren Vorhaben arbeiten, werden Sie diese zur Zufriedenheit Ihrer Vorgesetzten vollenden können.

Um eine Aufgabe besonders schnell und gewissenhaft erledigen zu können, benötigen Sie neben dem Willen hart zu arbeiten die notwendige Struktur in Ihrem Alltag.

Eine Studie zur Arbeitsweise von Angestellten hat ergeben, dass bis zu fünfzig Prozent des Tages für Tätigkeiten verwendet werden, die nicht arbeitsrelevant sind. Diese Zeit geht beim Kaffeetrinken und Plauschen mit den Kollegen, beim Surfen im Internet und dem Lesen der Nachrichten verloren.

Vielleicht sollten Sie Ihren Arbeitsalltag mit kritischen Augen betrachten. Wie viel Zeit Ihres Tages nutzen Sie für firmenexterne Dinge? Vielleicht stoppen Sie mal die Zeit, die Sie mit Kollegen verplaudern oder mit nicht arbeitsrelevanter Recherche im Internet verbringen.

Diese Zeit können Sie sinnvoller nutzen! Schränken Sie die Gespräche mit Ihren Kollegen ein und vergeuden Sie die Zeit am Arbeitsplatz nicht, indem Sie im Internet surfen.

Die gewonnene Zeit können Sie einsetzen, um Ihre Fähigkeiten auszubauen, Ihre Aufgaben besser zu erledigen und Ihren Vorgesetzten davon zu überzeugen, dass Sie kein Durchschnittsangestellter, sondern ein echter Gewinn für das Unternehmen sind.

Oft ist es gar der Fall, dass die Angestellten, die viel Zeit am Arbeitsplatz vergeuden, sich stark unter Druck gesetzt fühlen. Es gelingt ihnen nicht, ihre Aufgaben zu erledigen, da Sie einen großen Teil der Arbeitszeit ungenutzt verstreichen lassen.

Sollten Sie auch Probleme haben, die an Sie übergebenen Projekte fristgerecht und zur Zufriedenheit Ihrer Vorgesetzten zu erfüllen, sollten Sie besonderes Augenmerk auf Ihre Gewohnheiten am Arbeitsplatz legen. Womöglich können Sie unnötigen Stress vermeiden, indem Sie konzentriert und diszipliniert arbeiten.

Vielleicht gelingt es Ihnen so, Ihre Arbeit, die Sie in der Vergangenheit als überfordernd und stressig empfunden haben, wieder zu genießen. Hören Sie auf, Aufgaben chaotisch und ohne jede Planung anzugehen. Arbeiten Sie konzentriert und strukturiert! Dann werden Sie die Stunden, die Sie an Ihrem Arbeitsplatz verbringen sinnvoll nutzen und Ihre Projekte zur Zufriedenheit vollenden können.

Aufgaben, die hohe Qualifikationen benötigen, können Sie nur erfolgreich lösen, wenn Sie mit Fleiß und Ausdauer an Ihren Fähigkeiten feilen.

Auch wenn wir Begabungen für ein Gebiet aufweisen und gern in dem Bereich arbeiten, müssen wir viel Zeit investieren, um Experten zu werden. Sieben Jahre bzw. 10000 Stunden sind nötig, um ein waschechter Profi zu werden.

Je fleißiger Sie sind, desto schneller können Sie den Pfad zum Experten vollenden. Durchhaltevermögen ist eine Grundvoraussetzung für Erfolg, denn der Weg, den sie gehen müssen, um Spezialist auf einem Gebiet zu werden, kann steinig sein. Hindernisse können sich ganz plötzlich vor Ihnen auftun.

Machen Sie nicht den fatalen Fehler, die Stolpersteine zu umgehen. Stellen Sie sich den Herausforderungen mit Disziplin und geistiger oder auch körperlicher Kraft! Nehmen wir Umwege in Kauf, werden aus den 10000 Stunden noch mehr. Behalten Sie Ihr Ziel immer klar im Blick. Freuen Sie sich über kleine Erfolge! Denken Sie an Ihre Anfänge zurück und betrachten Sie ganz genau, wie weit Sie bereits gekommen sind!

Auf diese Weise gelingt es Ihnen, Ihren Antrieb zu bewahren. Mit Eifer und Ausdauer werden Sie in der Lage sein, Ihre Ziele bis zur Vollendung zu verfolgen. Um zielgerichtet arbeiten zu können, benötigen Sie neben Fleiß vor allem Struktur.

Die Abkürzung, um Ablenkungen auf dem Weg zum Erfolg zu vermeiden, ist das Erstellen von Plänen. Wenn Sie Ihre Ziele klar und deutlich vor sich sehen, werden Sie diszipliniert auf diese hinarbeiten können. Vage Träume und Wünsche werden niemals Gestalt annehmen, weil Sie keine klaren Ideen in Ihrem Kopf darstellen.

Wenn Sie aber Pläne schmieden, die Ihnen dabei helfen, Tag für Tag auf Ihre großen Ziele hinzuarbeiten, werden Sie sich von teuflischen Fallstricken und Umwegen endlich befreien. Viele von uns denken, To-do-Listen würden für Zwang und Freudlosigkeit im Leben sorgen. Dabei ist dies ein folgenschwerer Trugschluss.

Pläne, die Struktur in Ihren Alltag und Ihr Leben bringen, werden Ihr Leben bereichern. Am Ende jedes Tages können Sie auf die Dinge zurückblicken, die Sie heute vollbracht haben und die Sie Ihren Zielen näher gebracht haben.

Wir Menschen neigen dazu, den Weg des geringsten Widerstandes zu wählen. Sind wir am Wochenende zu Hause, ist es einfach den Nachmittag vor dem Fernseher zu verbringen. Stundenlanges Starren auf den Bildschirm wird uns aber keinen Schritt voranbringen.

Verfolgen wir Pläne, neigen wir eher dazu, die Fernbedienung nicht anzurühren. Haben wir uns vorgenommen, uns mit Freunden zu treffen, Sport zu treiben, eine weitere Lektion in unserem Sprachführer durchzugehen oder endlich den Dachboden zu entrümpeln, werden wir dies in Angriff nehmen.

Haben wir aber keine Vorstellung davon, wie wir unseren Tag verbringen wollen, kann es passieren, dass die Stunden ungenutzt an uns vorüberziehen während wir auf der Couch sitzen.

Ein solches Verhalten wird Sie nicht nur am Erfolg hindern, es wird Sie auf Dauer unglücklich machen. Denn nach Jahren blicken Sie auf ein Leben zurück, in dem Sie keinerlei Möglichkeiten ergriffen haben, sondern alle Chancen haben verstreichen lassen.

Vergessen Sie nicht: Sie haben die Wahl! Und zwar an jedem Tag, der vor Ihnen liegt und in jedem Moment, den Sie durchleben!

Der kürzeste Weg zum Erfolg im Alltag führt über das Aufstellen von Plänen. Am Abend werden Sie zufrieden ins Bett gehen, haben Sie Ihr Haus, Ihre sozialen Beziehungen oder Ihre Fitness auf Vordermann gebracht. Sie werden sich müde, aber glücklich auf Ihr Bett fallen lassen.

Nach einem Tag vor dem Fernsehen werden Sie hingegen feststellen, wie Ihr Leben einfach so an Ihnen vorbeigezogen ist.

Eine Studie aus den USA von 2006 hat bewiesen: Das simple Niederschreiben Ihrer Vorhaben wird Sie zum Erfolg führen. In der Studie wurden Personen nach Ihren Neujahrsvorsätzen gefragt. Ein Teil der Befragten schrieb die Vorhaben nieder, ein zweiter Teil formulierte die Pläne fürs kommende Jahr nur mündlich.

Die Ergebnisse zeigten Erstaunliches. Nur vier Prozent der mündlich gegebenen Vorsätze wurden in die Tat umgesetzt. Von den schwarz auf weiß stehenden Vorhaben schafften es 44 Prozent, Realität zu werden. Die niedergeschriebenen Vorsätze hatten damit eine elfmal höhere Chance, Wirklichkeit zu werden.

Die Pläne, die Sie erstellen, um diszipliniert durchs Leben zu gehen, sollten jeden wichtigen Aspekt Ihres Daseins enthalten, mit dem Sie sich schwertun. Wollen Sie fit werden, sind aber ein Mensch, dem es schwerfällt, Sport in seinen zu Alltag integrieren, sollten Sie das geplante Sportprogramm niederschreiben.

Neigen Sie dazu, Ihren Job stets vor Ihre Partnerschaft zu stellen, sollten Sie ein wöchentliches gemeinsames Abendessen oder einen Kinobesuch einplanen. Schreiben Sie das romantische Date in Ihren Terminkalender! Glücklich werden Sie nur sein, wenn Sie in allen Bereichen Ihres Lebens erfolgreich sind.

Erfolg im Beruf wird Sie nicht mit Glück erfüllen, wenn Sie den Erfolg mit Niemandem teilen können.

Wollen Sie sich mit einer Businessidee selbstständig machen, gehört jeder noch so kleine Schritt auf dem Weg zum eigenen Geschäft auf die Liste. Neben einem konkreten Vorhaben, das Sie auf dem Pfad zum Erfolg stets im Blick haben sollten, ist es wichtig, dass Sie sich ein zeitliches Limit für dessen Vollendung setzen.

Seien Sie dabei realistisch. Es ist nicht sinnvoll, sich zu sehr unter Druck zu setzen. Genauso sollten Sie die Erfüllung Ihrer Träume aber auch nicht in zu ferne Zukunft rücken lassen. Wenn Sie den Weg zu Ihrem Ziel sukzessive planen, wird die zeitliche Einteilung einfacher.

Eine Deadline kann sehr zielführend sein. Denn so haben Sie einen Zeitpunkt im Blick, an dem Sie Ihr Vorhaben fertiggestellt haben möchten. Sie werden zielgerichtet darauf hinarbeiten, denn mit aller Kraft wollen Sie am eigens gesetzten Stichtag Ihre Arbeit fertiggestellt haben. Auch weitere Faktoren sollten Sie im Überblick behalten, wollen Sie gezielt an Ihrem Erfolg arbeiten. Hören Sie auf, wertvolle Zeit zu verschwenden und nehmen Sie in diesem Moment einen Stift zur Hand und schreiben Sie folgende Überlegungen nieder:

---

1. Welche Schwierigkeiten muss ich überwinden, um mein Ziel zu erreichen? Sie sollten innere Stolpersteine und äußere Hürden identifizieren, um diese aus dem Weg räumen zu können.

2. Welches Wissen und welche Fähigkeiten brauche ich, um meine Ziele zu erreichen? Jeden Tag können Sie mit Fleiß und Ausdauer an Ihren Qualifikationen arbeiten.

3. Welche Menschen könnten mir mit ihrer Zusammenarbeit und mit ihrer Unterstützung helfen, um meine Ziele zu erreichen? Manchmal

besteht der kürzeste Weg zum Erfolg darin, auf Experten zuzugehen und deren Hilfe anzunehmen. Sie müssen nicht alles aus eigener Kraft schaffen. Sie müssen nur die Stärke aufbringen, andere Menschen um Unterstützung zu bitten. Vor allem Profis können Ihnen wertvolle Tipps geben, um Ihren Weg zum Erfolg zu verkürzen.

Nun haben Sie eine ganze Liste an Ideen, die Ihnen dabei helfen werden, schneller und strukturierter an Ihr Ziel zu gelangen. Arbeiten Sie an den Fähigkeiten, die Sie benötigen! Eignen Sie sich benötigtes Wissen an! Scheuen Sie nicht, Menschen, die Sie bei der Bewältigung Ihrer Aufgaben unterstützen können, um Hilfe zu bitten!

Arbeiten Sie strukturiert und fleißig auf Ihre Ziele hin, werden Sie sich schon bald über Erfolge freuen können. Und das Beste daran: Jeder kleine Erfolg setzt Endorphine frei, die Sie mit Glück erfüllen. Haben Sie wieder eine Stufe auf der Erfolgsleiter erklommen, wird Ihre Motivation automatisch weiter steigen.

Neue Fähigkeiten stärken zudem das Selbstbewusstsein. Arbeiten Sie also gezielt an Ihren Qualifikationen, werden Sie nach und nach eine stärkere, offenere und selbstbewusstere Persönlichkeit. Mit einem solchen Profil wird Ihrem Erfolg nichts mehr im Wege stehen.

4 Methoden, um selbstdiszipliniert mit Rückschlägen umzugehen

Selbstdisziplin wird oft auch mit Selbstkontrolle gleichgesetzt. Wenn Sie in der Lage sind, Ihre Wünsche und Ziele zu definieren, übernehmen Sie Verantwortung für Ihr eigenes Leben.

In unserer westlichen Welt sind viele Lebensziele von Geburt an vordefiniert. In jungen Jahren werden wir eingeschult. Wir werden auf den Weg gebracht, der beruflichen Erfolg und damit auch Glück verspricht. Die Schulbildung setzt das Fundament für ein erfolgreiches und glückliches Leben.

Danach nehmen wir ein Studium oder eine Lehrstelle auf, um im Anschluss mit der gewonnenen Qualifikation eine Anstellung zu erhalten und Geld zu verdienen. Wir sind dann in der Lage, unabhängig von anderen unseren Unterhalt zu bestreiten und uns ein eigenständiges Leben aufzubauen.

Wie dieses Leben gestaltet ist, liegt aber ganz bei uns. Treiben wir regelmäßig Sport und ernähren uns gesund, fühlen wir uns körperlich wohl.

Pflegen wir soziale Beziehungen, können wir uns über enge Freundschaften und feste Partnerschaften freuen. Setzen wir uns hohe berufliche Ziele, können wir viel Geld verdienen und womöglich den Job unserer Träume erlangen.

Wir alle sind unseres eigenen Glückes Schmied. Ist unser Leben aus den Fugen geraten, weil wir unsere Ziele aus dem Fokus verloren haben, liegt es bei uns, wieder auf den richtigen Pfad zu gelangen.

Gehen wir unsere Lebensträume ganz gezielt an und lassen wir uns nicht von diesen abbringen, werden wir mit Erfolg belohnt.

Doch auch wenn wir Verantwortung für unser Leben übernehmen und unsere Träume fokussiert verfolgen, kann es zu Rückschlägen kommen. Es kann passieren, dass Anstrengungen im Job nicht gewürdigt werden und wir die gewünschte Beförderung trotz aller Mühen nicht erlangen.

Vielleicht geschieht es, dass wir trotz intensiven Lernens eine Prüfung nicht meistern. Oder wir brechen uns nach monatelangem Training für einen Marathon kurz davor den Knöchel. Machen Sie nicht den fatalen Fehler, bei einem Misserfolg in das Verhaltensmuster des Straußes zu verfallen. Gerade in diesen Momenten ist es wichtig, den Blick nach vorn zu richten.

Kommt es zu einem Misserfolg oder einem unvorhergesehenen Rückschlag, stecken Sie nicht den Kopf in den Sand. Resignation ist keine Lösung. Versuchen Sie, weiterhin mit Optimismus in die Zukunft zu blicken und hören Sie nicht auf, Verantwortung für das eigene Leben zu übernehmen.

Manches Scheitern können Sie als Erfolg verbuchen, wenn Sie aus Ihrem Misserfolg lernen und es sich mit erhobenem Haupt eingestehen. Uns Menschen fällt es nach einer Niederlage oft schwer, wieder auf die Beine zu kommen. An diesen Punkten im Leben zahlt sich eine starke Selbstdisziplin besonders aus. Hören Sie auf, in Momenten des Scheiterns Zeit zu verschwenden, indem Sie sich selbst bemitleiden. Jeder scheitert hin und wieder.

Selbst die ganz Erfolgreichen unter uns haben Rückschläge verkraften müssen. Doch sie haben Verantwortung für ihr Leben übernommen, sind aufgestanden und haben ihre Träume weiterverfolgt.

Es gibt zahllose Beispiele für Berühmtheiten, die mehrfach scheiterten, bevor sich der große Erfolg einstellte. So war die Firma des Automobilherstellers Henry Ford bankrott, bis sich der innovative Unternehmer durch ein gewonnenes Rennen mit einem seiner Autos einen Namen machte.

Thomas Edison sagte immer von sich selbst, dass er zunächst 6000 Glühbirnen erfand, bevor er schließlich das funktionierende Modell entwickelte, mit dem er Weltruhm erlangte.

Und auch Astrid Lindgren musste an alle Türen klopfen, bis ein Verlag ihr Buch über die freche und abenteuerlustige Pippi Langstrumpf publizierte.
Es ist immer gut, sich mit solch prominenten Beispielen vertraut zu machen. Wir erkennen während unserer Nachforschungen, dass Erfolg sich nicht auf Knopfdruck einstellt. Auch ich habe in meinem Leben Rückschläge hinnehmen müssen. Doch ich habe gelernt, diese nicht negativ aufzunehmen.

Wichtig ist immer, sich von einem Misserfolg nicht in die Knie zwingen zu lassen und den Lebensweg mit Mut, Klarsicht und Selbstdisziplin weiter zu beschreiten.

Mit diesem Schritt-für-Schritt-System habe ich gelernt, Rückschläge für mich zu nutzen, statt an Ihnen zu verzweifeln:

---

1. Gestehen Sie sich Ihre Niederlage ein! Wenn Sie diese von sich weisen, wird sie sich wie ein riesiges Hindernis vor Ihnen auftun. Sie werden nicht in der Lage sein, Ihren Weg zum Ziel wieder aufzunehmen.

2. Finden Sie heraus, welche Faktoren zu Misserfolg geführt haben. Übernehmen Sie wieder Verantwortung und fragen Sie sich, an welcher Stelle Sie falsch gehandelt haben. Analysieren Sie auch die äußeren Gegebenheiten, die das Scheitern begünstigt haben.

3. Haben Sie die eigenen Fehler analysiert, plagen Sie sich nicht mit Schuldgefühlen. Das wird nur zu weiteren Blockaden führen. Lernen Sie, konstruktiv an sich selbst Kritik zu üben. Betonen Sie nicht die Fehler, die Sie begangen haben. Finden Sie lieber heraus, was Sie das nächste Mal anders machen müssen, um erfolgreich sein zu können.

4. Bauen Sie Ihr Selbstwertgefühl auf! Wenn Sie sich Ihre Fehler eingestehen, dann blicken Sie wieder voller Zuversicht in die Zukunft!

5. Gehen Sie auf Ihre Freunde zu und sprechen Sie offen über Ihren Misserfolg. Sie werden Ihnen bestätigen, dass Scheitern menschlich

ist. Ihre Freunde haben im Leben sicher auch Misserfolge hinnehmen müssen.

6. Schauen Sie voller Zuversicht in die Zukunft! Führen Sie sich Ihre Stärken und Erfolge aus der Vergangenheit vor Augen!

Haben Sie diese Schritte verfolgt, kann es trotzdem passieren, dass Sie ins Grübeln geraten. Nach einer Niederlage haben Sie zwei Möglichkeiten fortzufahren. Welchen Weg Sie wählen, hängt davon ab, in welche Richtung Ihre Überlegungen geführt haben.

Wenn Sie von Ihrem Vorhaben ablassen wollen, sollten Sie sich zunächst fragen, wie wichtig Ihnen die Sache, an der Sie gescheitert sind, wirklich ist.

Geht es um Ihren Lebenstraum, der Ihnen viel bedeutet, dann geben Sie nicht auf! Sind Sie aber unsicher, ob das Ziel Ihren Vorstellungen von Glück entspricht, dann überdenken Sie Ihren künftigen Weg.

Vergessen Sie nicht: Sie sind Ihres Schicksals Schmied. Sollten Sie feststellen, dass Sie Zeit und Kraft in ein Projekt investiert haben, dass gar nicht Ihren Träumen entspricht, dann sind Sie jederzeit dazu in der Lage, Ihren Fokus zu ändern und sich einer anderen Sache zu widmen.

Sie müssen die Investition in ein Projekt, das Sie abbrechen wollen, auch nicht als verloren betrachten. Egal, welche Fähigkeiten wir uns im Leben zu eigen machen, wir können irgendwann von ihnen profitieren.

Im beruflichen Bereich ist es manchmal schwer, die Leidenschaften und das Geldverdienen zu vereinen. Ob Sie gern schreiben, Musik machen oder ein eigenes Business gründen wollen – sind Sie einmal gescheitert, sollten Sie sich auf die Fragen der *Ikigai*-Philosophie zurückbesinnen.

Tun Sie die Sache mit Leidenschaft? Sind Sie wirklich talentiert? Glauben Sie, es ist möglich, jemals Geld mit der Tätigkeit zu verdienen? Seien Sie ehrlich zu sich selbst! Können Sie alle Fragen mit einem klaren Ja beantworten, dann verfolgen Sie Ihre Ziele weiter!

Ein Misserfolg ist schließlich kein Grund, um aufzugeben. Kinder sind das beste Beispiel: Bevor sie das Laufen sicher erlernen, sind sie unzählige Male hingefallen. Doch sie sind immer wieder aufgestanden. Wir alle haben einmal versucht, einen Fuß vor den anderen zu setzen, bis wir endlich gehen konnten. Lernen Sie von Ihrem früheren Selbst und geben Sie eine wichtige Angelegenheit niemals auf! Doch Sie sollten genau analysieren, weshalb Sie gescheitert sind. Springen Sie nicht noch einmal ins kalte Wasser! Stellen Sie einen Plan auf! Holen Sie sich Hilfe, haben Sie mit manchen Aspekten eines Projekts Probleme.

Vielleicht wollten Sie ein eigenes Business gründen, sind gut in dem, was Sie tun, haben aber Schwierigkeiten mit den finanziellen Abläufen im Hintergrund. Dann holen Sie sich für den zweiten Versuch professionelle Hilfe.

Vielleicht wollten Sie ein eigenes Buch veröffentlichen. Viele Bekannte haben im Vorfeld Ihr Buch gelesen und Ihnen versichert, wie sehr Sie die Lektüre genossen haben. Sie haben es oft überarbeiten lassen und Jahre daran gefeilt. Sie sind sich sicher, dass Sie einen Bestseller geschrieben haben.

Sie haben immer mit Leidenschaft Texte verfasst und auch andere Menschen haben Ihnen in der Vergangenheit oft gesagt, dass Schreiben Ihre Berufung zu sein scheint. Einfach schon deshalb, weil Ihre Geburtstagskarten bereits kleine Meisterwerke darstellen.

Dann bleiben Sie am Ball! Holen Sie sich beim nächsten Mal professionelle Hilfe beim Veröffentlichen. Wenn Sie und andere wirklich so sehr an Ihr Buchprojekt glauben, dann investieren Sie Geld in die Veröffentlichung.

Bevor Sie einen weiteren Versuch wagen, gehen Sie die zweite Auflage Ihres Projekts strukturierter und disziplinierter an. Auch wenn Sie glauben, beim ersten Mal schon alles gegeben zu haben, eine Steigerung ist immer möglich.

Lernen wir aus unseren Fehlern, entwickeln wir uns automatisch weiter. Neben Beharrlichkeit kann es sinnvoll sein, von einem Unterfangen abzulassen.

Stellen Sie sich die Fragen aus der *Ikigai*-Philosophie nach einem Scheitern erneut und Sie stellen fest, dass Sie sich vielleicht auf das falsche Pferd gesetzt haben, dann betrachten Sie den Rückschlag als einen wichtigen Schritt auf dem Weg zur Selbstfindung.

Sie haben etwas ausprobiert und sind gescheitert. Nun können Sie diese Tätigkeit aus Ihrem Leben verbannen und sich vielleicht einer anderen Leidenschaft widmen.

Die Kunst des Scheiterns ist stets die Lehre, die wir daraus ziehen. Wir sollten immer gestärkt aus einem Rückschlag hervorgehen. Ein gescheitertes Projekt – sei es privater oder beruflicher Natur – kann uns neue Türen öffnen.

Der erste Schritt besteht darin, dass Scheitern erhobenen Hauptes hinzunehmen. Versinken Sie nicht im Selbstmitleid! Gewinnen Sie so schnell wie möglich die Kontrolle über Ihr Leben zurück und ziehen Sie Lehren aus Ihrem Scheitern!

Gehen Sie in sich und finden Sie den Weg, um dem Pfad der Selbstdisziplin weiter zu folgen. Stellen Sie die richtigen Fragen, um herauszufinden, ob sich ein zweiter Versuch lohnt oder ob Sie sich einer anderen Sache widmen sollten.

Die geheimen Methoden der Super-Erfolgreichen

Vielleicht fragen Sie sich immer wieder, was ein Mark Zuckerberg und eine Angelina Jolie anders machen als Sie. Wieso können manche Menschen in jungen Jahren bereits unzählige Erfolge verbuchen, von denen andere nur träumen können?

Im Folgenden werde ich Ihnen die Methoden der Super-Erfolgreichen offenbaren. Haben Sie nach Anleitung dieses Buches bereits Ihre Ziele definiert und arbeiten Sie mit Fleiß, Hingabe und Aufopferungsbereitschaft auf diese hin, befinden Sie sich auf dem richtigen Pfad.

Prüfen Sie das Leben Prominenter genaustens, wird Ihnen schnell klar werden, dass viele der Stars einem straffen Tagesablauf folgen. Diszipliniert gehen Supermodels und Schauspieler ihren Plänen nach. Wer nicht bereit ist, hart zu arbeiten, hat in Hollywood oder auf dem Laufsteg keine Chance.

Gwyneth Paltrow ist ein Beispiel für absolute Selbstdisziplin. Täglich teilt sie mit der Welt ihre Sessions im Fitnessstudio, sie stellt gesunde Rezepte vor, und in Interviews verrät sie, dass es ihr nur durch harte Arbeit gelingt, eine glückliche Ehe zu führen.

Auch Madonna und Heidi Klum beweisen mit ihren immer noch jugendlichen Körpern ihren disziplinierten Lebensstil.

Wer im Geschäft bleiben will, muss nicht nur von Kalorienbomben die Finger lassen. Supermodels und Stars müssen auch tagtäglich ihre Körper trainieren und auf lange Partynächte mit ausgiebig viel Alkohol verzichten.

Der kürzeste Weg zu lang anhaltendem Erfolg führt also nicht über das plötzliche Glück, einfach so auf der Straße von einem Produzenten oder einer Modelagentur entdeckt zu werden. Die Grundvoraussetzung bildet die Selbstdisziplin.

Disziplinierte Menschen sind erfolgreich im Berufsleben und genießen deshalb mehr finanzielle Unabhängigkeit. Sie führen bessere Partnerschaften und innigere Freundschaften.

Profitieren auch Sie von den Weisheiten der Stars und tun Sie keine Dinge mehr, die Sie im Nachhinein bereuen werden. Denn genau das ist der Schlüssel zum Glück.

Haroldsen Hunt, der durch Ölfunde in den 60er-Jahren zum reichsten Mann der Welt wurde, erklärte, es brauche drei Schritte, um erfolgreich zu werden.

Zunächst sollte man sich genau überlegen, was man im Leben wolle. Dann denke man über den Preis nach, den man für seine Träume zu zahlen habe und bringe schließlich die nötigen Opfer.

Mit der Lektüre des ersten Teils meines Buches haben Sie sich mit Ihren Lebenszielen intensiv auseinandergesetzt. Ohne auf die Wünsche anderer zu achten und mit großem Vertrauen in die eigene Person haben Sie Ihre Ziele identifiziert.

Nun ist es an der Zeit nach den Weisheiten des Ölbarons Hunt zu handeln. Überlegen Sie sich, wie hoch der Preis ist, den Sie für die Erreichung Ihrer Ziele zahlen müssen.

Wollen Sie an einem Triathlon teilnehmen, müssen Sie hart trainieren und auf regelmäßigen Schlaf und Ihre Ernährung achten.

Wer sportlich erfolgreich sein will, muss lernen, auf viele Dinge zu verzichten. Ein Abend mit Bier und Chips auf der Couch wirkt kontraproduktiv gegen das Training, genau wie eine lange Nacht mit Freunden in einer Bar.

Streben Sie nach einer Beförderung, müssen Sie Ihren Arbeitsalltag diszipliniert angehen. Dazu gehört, Ordnung in Ihre Arbeitsunterlagen zu bringen und jede Aufgabe mit Konzentration zu erledigen. Die drei Wege zu mehr Erfolg im Beruf sind ein früher Arbeitsbeginn, harte Arbeit und ein später Feierabend.

Sie denken nun, das sind viele Einschränkungen. Achten Sie jedoch darauf, immer Ihr Ziel im Blick zu halten und denken Sie an den Erfolg, den Sie durch Verzicht erlangen können, fallen Ihnen die Opfer weniger schwer.

Wer nach mehr Anerkennung im Job und einem höheren Gehalt strebt, der muss bereit sein, private Bedürfnisse weniger zu priorisieren.

Sie werden weniger Abende mit Ihren Freunden und weniger Zeit mit Ihrem Partner und Ihrer Familie verbringen können. Diese privaten Opfer sind eben der Preis, von dem Ölbaron Haroldsen Hunt gesprochen hat.

Wollen Sie eine eigene Business-Idee umsetzen, müssen Sie lernen, einen sparsamen Lebensstil zu pflegen und hart zu arbeiten bis sich der Erfolg einstellt.

Beneiden Sie nicht länger die Unternehmer an der Spitze unserer Gesellschaft! Werden Sie selbst zum erfolgreichen und glücklichen Menschen! Und zwar einfach, indem Sie sich an deren Ratschlägen orientieren und endlich beginnen, die nötigen Opfer für Ihren Erfolg zu bringen.

Neben Opferbereitschaft habe ich auch andere Merkmale erfolgreicher Menschen beobachten können, an denen wir uns ein Beispiel nehmen sollten. Auf diese Weise können Sie vom Rezept der Erfolgreichen profitieren:

1. Welche Charaktereigenschaften zeichnen erfolgreiche Menschen besonders aus? Neben der Fähigkeit, Opfer zu bringen, sind Sie sehr selbstbewusst. Beobachten Sie erfolgreiche Personen an Ihrem Arbeitsplatz! Wie geben sich diese Menschen und was können Sie von deren Verhalten lernen?

2. Welchen Lebensweg haben Super-Erfolgreiche hinter sich? Manchmal ist es von Vorteil, den Werdegang erfolgreicher Menschen zu studieren. So können Sie feststellen, dass viele der Topmanager und Hollywood-Sternchen aus sehr einfachem Hause stammen und sie sich ihren Erfolg wirklich aus eigener Kraft erarbeitet haben. Viele erfolgreiche Menschen haben in ihrem Leben auch Rückschläge verkraften müssen.

3. Wie organisieren die Erfolgreichsten unter uns ihren Tag? Durchforsten Sie die Medien nach Interviews erfolgreicher Unternehmer!

Sie werden feststellen, dass alle einem sehr geregelten Tagesablauf folgen. Selbstdisziplin ist das oberste Gebot für anhaltenden Erfolg.

4. Wie treten erfolgreiche Menschen in der Öffentlichkeit auf? Studieren Sie die Kleidungsgewohnheiten, die Mimik und Gestik der Super-Erfolgreichen!

5. Wie verbringen erfolgreiche Menschen ihre Freizeit? Vergleichen Sie Ihre Freizeitaktivitäten mit denen der Super-Erfolgreichen! Können Sie etwas von deren Verhalten lernen?

6. Welche Bücher lesen die erfolgreichen Menschen unter uns? Erfolgreiche Schriftsteller, Sportler oder Unternehmer geben oft Tipps, welche Lektüre gewinnbringend ist. Wollen Sie mit Schreiben Ihr Geld verdienen, erfolgreich im Sport werden oder ein eigenes Unternehmen gründen, dann folgen Sie den Empfehlungen!

Die sechs Fragen werden Ihnen zum einen offenlegen, welche Maßnahmen nötig sind, um erfolgreich zu sein. Zum anderen werden Sie herausfinden, wie es möglich ist, an der Spitze zu bleiben.

Sie müssen nicht die Lebensgewohnheiten von Mark Zuckerberg oder Gwyneth Paltrow studieren. Wenn Sie in einem großen Unternehmen arbeiten, reicht es auch, wenn Sie sich an den Vorgesetzten Ihres Arbeitsplatzes orientieren.

Ein ganz simpler Schritt, der zu mehr Erfolg führen kann, ist die Änderung Ihres Erscheinungsbildes. Wollen Sie zum Ziel gelangen, müssen Sie sich wie ein erfolgreicher Mensch kleiden.

Natürlich sollten Sie nicht wie die Hauptfigur in Gottfried Kellers Roman „Kleider machen Leute“ versuchen, jemanden darzustellen, der Sie gar nicht sind.

Mit Ihrem äußeren Erscheinungsbild sollten Sie Vorgesetzten, Kollegen und Geschäftspartnern vielmehr verdeutlichen, was alles in Ihnen steckt.

Neben gepflegter und geschmackvoller Kleidung ist es sinnvoll, einem gewissen, selbstbestimmten Stil bei der Kleiderwahl zu folgen. Wenn Sie die Super-Erfolgreichen aus der Welt des Internets studieren, erkennen Sie deutliche Muster.

Mark Zuckerberg trägt stets Jeans in Kombination mit einem grauen T-Shirt. Als ihn ein Journalist nach dem Grund für den einheitlichen Stil fragte, meinte er, dass er am Morgen keine Zeit damit verschwenden wolle, über die passende Garderobe für den Tag nachzudenken.

Auch Steve Jobs trat stets mit schwarzem Rollkragenpulli auf und setzte damit ein eigenes Markenzeichen.

Wer Erfolg ausstrahlen möchte, der sollte tatsächlich eine Garderobe in seinem Kleiderschrank aufbewahren, die sich stilistisch sehr ähnlich ist. Natürlich müssen Sie jedoch nicht wie Steve Jobs und Mark Zuckerberg in der immer gleichen Farbe aus dem Haus gehen.

Aber ein kontinuierlicher Kleidungsstil wird Ihnen eine solide Aura vermitteln. Welche Art Mitarbeiter würden Sie eher einstellen? Jemanden, der nach wie vor auf der Suche nach seinem inneren Selbst ist oder jemanden, der genau weiß, was er vom Leben will?

Wechselt Ihre Garderobe ständig in eine andere Stilrichtung, geben Sie Ihrer Außenwelt das Gefühl, Sie würden sich wie ein Teenager noch auf dem Weg der Selbstfindung bewegen.

Machen Sie nicht den fatalen Fehler, sich an einem Tag seriös und elegant und am nächsten Tag flippig-provokativ zu kleiden!
Ein oft wechselnder Kleidungsstil wird Ihrem Erfolg ganz klar im Weg stehen. Versuchen Sie, eine Garderobe zu finden, die zum einen zu Ihnen passt und zum anderen Ihrem Umfeld vermittelt, dass Sie zu den zielstrebigen und erfolgreichen Menschen gehören.

Nehmen Sie sich ein Vorbild an den Gewinnern aus dem Silicon Valley und finden Sie einen Kleidungsstil, mit dem Sie der Welt Ihre Beständigkeit zeigen können.

Zum äußeren Erscheinungsbild, das Sie auf direktem Wege zum Erfolg führen wird, gehört jedoch mehr als die richtige Wahl Ihrer Kleidung. Politiker und Unternehmer suchen sich Hilfe bei Manager-Coaches, um Ihr Auftreten zu verbessern.

Beinahe jeder von uns ist in irgendeiner Art unsicher. Manche denken, sie würden zu unnahbar und verschlossen wirken. Andere halten sich selbst für unsicher und fühlen sich nicht ernst genommen.
Um die richtige Ausstrahlung, die zu Erfolg führt, zu zeigen, bedarf es der richtigen Körpersprache und -haltung.

Am besten können Sie Ihr Auftreten vor dem Spiegel üben. Steht ein Vortrag in einem Meeting bevor oder sind Sie zu einem Vorstellungsgespräch geladen, dann trainieren Sie Ihren Auftritt mit dem direkten Blick auf sich selbst. Wenn Sie sich im Spiegel betrachten, sollten Sie auf folgende Punkte achten:

---

1. Halten Sie Ihren Körper aufrecht! Vermeiden Sie es, in sich zusammen zu sacken! Ihre Körperhaltung sollte Souveränität und Selbstbewusstsein ausstrahlen.

2. Achten Sie auf Ihre Gesichtszüge! Versuchen Sie, Ihrem Gegenüber freundlich entgegenzublicken! Ihr Blick sollte Offenheit und Entschlossenheit zugleich ausstrahlen.

3. Vermeiden Sie, die Arme zu verschränken! Das wirkt abweisend.

Wenn Sie diese Punkte beachten, werden Sie feststellen, dass Sie plötzlich Selbstsicherheit ausstrahlen.

Ihre Kollegen werden Sie nicht ernst nehmen, halten Sie mit herunterhängenden Schultern und einem auf den Boden gerichteten Blick einen Vortrag. Egal wie inhaltlich wertvoll Ihre Worte auch sein mögen, kaum jemand wird Ihnen Gehör schenken.

Stehen Sie aber mit einer selbstbewussten Haltung und einem zielstrebigen Blick vor Ihrem Publikum, werden Sie sicher mit offenen Ohren empfangen. Ihrem Vorgesetzten wird Ihr positives Auftreten auch nicht entgehen.

Ebenso wie Sie Ihre Körperhaltung ins Visier nehmen sollten, können Sie Ihre Sprache trainieren. Um Kollegen, Vorgesetzte und Ihr Umfeld im Allgemeinen durch Ihre Rhetorik zu überzeugen, arbeiten Sie an folgenden Punkten. Betrachten Sie Ihre Aussprache kritisch und feilen Sie an dieser:

---

1. Sprechen Sie nicht zu schnell! Ihre Zuhörer sollten Ihren Worten folgen können. Formen Sie die Worte in Ihrem Mund auf hektische Weise, wirken Sie unkontrolliert. Außerdem wird es mit hoher Wahrscheinlichkeit zu Versprechern kommen, die Sie wenig seriös wirken lassen.

2. Sprechen Sie nicht zu langsam! Ihre Zuhörer werden sonst nach kurzer Zeit das Interesse an Ihren Worten verlieren. Finden Sie die perfekte Mitte! Wenn Sie unsicher sind, dann halten Sie den Vortrag vor einem Freund und fragen Sie ihn nach Feedback zu Ihrer Aussprache!

3. Reden Sie nicht zu monoton. Sie sollten versuchen, die Zuhörer in Ihren Bann zu ziehen. Wollen Sie jemanden von Ihren Ideen überzeugen, müssen Sie Begeisterung in Ihre Stimme legen. Arbeiten Sie mit verschiedenen Tonhöhen und Pausen! Sie werden merken, wie die Begeisterung in den Augen Ihrer Zuhörer sichtbar wird.

Allein durch unser Reden können wir unserem Gegenüber eine Menge vermitteln. Denken Sie an Ihre Mitmenschen, fällt Ihnen sicher jemand ein, dem Sie gern zuhören, weil er eine sympathische Stimme hat und eine spannende Erzählweise an den Tag legt.

Verwenden wir die richtige Stimmlage und erzählen wir, was wir mitteilen wollen mit Begeisterung, können wir sogar uninteressante Quartalszahlen spannend klingen lassen.

Sprechen wir aber monoton oder zu hektisch, geht auch die beste Pointe eines Witzes oder einer Geschichte verloren.

Genau wie Sie Ihre Körperhaltung vor dem Spiegel üben können, können Sie Ihre Aussprache trainieren. Fragen Sie einen Freund, ob er einen Vortrag von Ihnen anhören würde. Oder nehmen Sie Ihre eigenen Worte auf und betrachten Sie Ihre Art zu reden kritisch!

Glauben Sie mir, mit einer sympathischen Stimmlage, dem richtigen Tonfall, einer angenehmen Tonhöhe und dem perfekten Redetempo befinden Sie sich auf dem Highway zum Erfolg!

Ein dritter Punkt, den Sie neben Körpersprache und Körperhaltung bei Ihrer Kommunikation beachten sollten, ist der Umgang mit Ihren Mitmenschen. Empathie und Authentizität sind ebenso wichtige Grundpfeiler erfolgreichen Auftretens wie Redegewandtheit und Selbstbewusstsein.

Auch die meisten Unternehmer sind sich der Wichtigkeit jedes einzelnen Mitarbeiters bewusst. Nur wenn alle Stellschrauben richtig eingestellt sind, funktionieren die Abläufe in einem Betrieb reibungslos. Das gegenseitige Miteinander ist deshalb für anhaltenden Erfolg nicht unbedeutend.

Sie sollten, egal welche Stellung Sie in Ihrem Unternehmen innehaben, in der Kommunikation mit anderen auf folgende Punkte achten:

---

1. Stellt Ihnen jemand eine Frage, nehmen Sie diese ernst und gehen Sie auf sie ein. Das schafft Sympathie.

2. Blicken Sie auf die Gesichter Ihrer Zuhörer! Bemerken Sie fragende Blicke, fahren Sie nicht stur mit Ihrem Programm fort, sondern fragen Sie nach, ob etwas unverständlich ist. Sie sollten immer versuchen, sich in Ihr Umfeld hineinzuversetzen. Das schafft ein offenes Arbeitsumfeld und ein Weiterkommen für alle Beteiligten!

3. Haben Sie einen Fehler begangen, ist es oft sinnvoll, diesen zuzugeben. Es beweist Stärke, zu seinen Irrtümern zu stehen und diese nicht auf andere abzuwälzen.

Ebenso wie Sie sich an erfolgreichen Menschen hinsichtlich des Erscheinungsbildes orientieren können, können Sie auch davon profitieren, deren Gewohnheiten zu übernehmen.
Schauen Sie sich an Ihrem Arbeitsplatz um. Sicher können Sie verschiedene Typen von Angestellten ausfindig machen. Es gibt die wenig ambitionierten, die am Morgen in aller Ruhe einen Kaffee genießen und am vorigen Abend mit Kollegen in einer Bar saßen.

Andere sitzen bereits frühmorgens voller Motivation vor dem Computer und bearbeiten zielstrebig die anstehenden Aufgaben des Tages. Sie werden nach Vollendung des täglichen Pensums in der Lage sein, den Vorgesetzten um weitere Projekte und damit um mehr Verantwortung zu bitten.

Sie müssen sicher nicht zweimal überlegen, an wem Sie sich orientieren sollten, um erfolgreich in Ihrem Job zu werden.

Vielleicht versuchen Sie, mit einem zielstrebigen Mitarbeiter Ihres Arbeitsplatzes ins Gespräch zu kommen. Sie können nach dessen Gewohnheiten fragen und von diesem lernen. Scheuen Sie sich nicht davor, sich an erfolgreichen Menschen in Ihrem Umfeld zu orientieren!

Bei Antritt eines neuen Jobs sollte Ihr Blick immer nach oben gerichtet sein. Orientieren Sie sich an Vorgesetzten oder ambitionierten Kollegen. Auf diese Weise begeben Sie sich auf den Pfad des Erfolgs.

Viele der erfolgreichsten Unternehmer haben ein offenes Ohr. Schreiben Sie eine E-Mail an diese und fragen Sie nach Rat, Sie werden überrascht sein. Die meisten erfolgreichen Menschen sind oft dazu bereit, ihr Erfolgsrezept mit anderen zu teilen.

Die meisten Schauspieler aus Hollywood und die meisten Vorsitzenden der größten Unternehmen sind Personen wie Sie und ich. Viele der erfolgreichsten Persönlichkeiten unserer Zeit sind in ganz normalen Verhältnissen aufgewachsen.

Sie hatten die gleichen Voraussetzungen wie die Menschen in Ihrem Umfeld, und trotzdem ist es ihnen gelungen, erfolgreicher zu werden als alle anderen.

Was hält Sie also davon ab, einem ähnlichen Lebensweg zu folgen und auf Ihrem Gebiet zu den Menschen an der Spitze zu gehören?

Fragen Sie erfolgreiche Menschen um Rat, werden Sie feststellen, dass auch diese mit Rückschlägen zu kämpfen hatten. Manchen ist es auf Anhieb gelungen, ihre Träume zu verwirklichen. Andere mussten mehr Durchhaltevermögen aufbringen, um ihre Ziele zu erreichen.

Eines zeichnet jedoch alle erfolgreichen Menschen aus. Der Wille, für ihre Ziele zu kämpfen. Nur wer jeden Tag an seinen Fähigkeiten arbeitet, kann ein berühmter Schauspieler werden. Wer sich stetig weiterentwickelt, kann ein erfolgreiches Unternehmen führen.

Doch auch Menschen an der Spitze gönnen sich Auszeiten. Denn eines ist klar – wer es mit Disziplin übertreibt, wird über kurz oder lang jeden Antrieb verlieren.

Jennifer Aniston und Katy Perry zeigen uns in den sozialen Netzwerken, wie sie ihren Geist mit einem wöchentlichen Cheat-Day stärken. Egal, ob wir nun abnehmen oder ein berufliches Ziel erreichen wollen, hin und wieder sollten wir den Pfad des Erfolgs für eine kleine Schummelei verlassen, um bei der Stange zu bleiben.

Natürlich klingt es erst verrückt, am Sonntag den Magen mit unzähligen Kalorien zu füllen, wenn man die ganze Woche diszipliniert mäßig und gesund gegessen hat, um das Traumgewicht zu erlangen. Aber die Technik des Cheat-Day ist nachweislich von Erfolg gekrönt.

An diesem einen Tag der Woche füllen Sie Ihre Speicher komplett auf, um genug Energie zur Verfügung zu haben, damit ein diszipliniertes Arbeiten an Ihren Zielen möglich ist.

Der Cheat-Day muss sich dabei nicht nur auf Ihre Ernährung beschränken. Legen Sie auch einen Tag in der Woche ein, an dem Sie Ihre beruflichen Ziele außer Acht lassen. Füllen Sie ihn mit einen Familienausflug, an dem Sie nicht an den Stapel Papiere auf Ihrem Schreibtisch denken!

Oder gehen Sie mit Freunden etwas trinken und schlafen Sie am nächsten Morgen aus! An einem Tag in der Woche können Sie den Wecker ausschalten. Schließlich dürfen Sie neben all der Disziplin den Spaß und die Freude am Leben nicht außer vergessen.

Und glauben Sie mir, haben Sie sich eine Auszeit genommen, werden Sie neue Kräfte in Ihrem Inneren mobilisieren können. Mit neuer Frische werden Sie in die folgende Woche starten und Ihre Aufgaben mit mehr Lebensfreude bewältigen können.

Eine weitere wichtige Lektion, die wir aus dem Verhalten Super-Erfolgreicher ziehen können, ist es, Mut aufzubringen, um sich seinen Ängsten zu stellen.

Wir neigen dazu, Prominente für ihren Erfolg zu bewundern. Doch der Weg zum erfolgreichen Schauspieler, Filmemacher, Musiker oder Autor ist oft lang und steinig.

Silvester Stallone hat siebzig Absagen hinnehmen müssen, bevor er sein Drehbuch zum Film „Rocky“ zum 71. Mal einsendete und es endlich angenommen wurde.

Auch den Beatles wurde von der ersten Plattenfirma bescheinigt, nicht das Zeug zu einer erfolgreichen Band zu haben. Doch die vier Musiker haben den Kommentaren getrotzt und sind furchtlos ihrem Weg ins Showbusiness gefolgt.

Hätten sie sich entmutigen lassen, wären Welthits wie „Let it be“ und „Hey Jude“ niemals veröffentlicht worden.

Steven Spielberg wurde immer wieder abgelehnt, als er sich an einer Filmschule bewarb. Doch er hat den Mut gefunden, sich nicht unterkriegen zu lassen und ist heute einer der erfolgreichsten Regisseure aller Zeiten.

John Grisham hat trotz der sechzehn Absagen von Agenten und der zwölf Ablehnungen von Verlagen nicht aufgegeben. Er hat den Mut gefunden, weiter an seinen ersten Roman zu glauben und seine Hartnäckigkeit hat sich ausgezahlt. Er ist heute einer der erfolgreichsten Romanautoren der Welt.

Mut und Selbstbewusstsein sind zwei Eigenschaften, die eng zusammenhängen. Nur wer über innere Stärke und Glauben an sich selbst verfügt, kann die Courage aufbringen, von der Verwirklichung eigener Projekte nicht abzulassen.

Vielen Prominenten ist der Durchbruch dank ihres unerschütterlichen Selbstvertrauens gelungen. Nehmen Sie sich an ihrem Selbstbewusstsein und ihrer Hartnäckigkeit ein Beispiel!

Verfolgen Sie einen Traum, dann lassen Sie sich von äußeren Faktoren niemals abbringen, diesen in die Tat umzusetzen. Rückschläge gehören zum Leben. Doch verlieren Sie nicht den Mut, weil etwas nicht so verlaufen ist, wie Sie es sich vorgestellt haben.

Der direkte Weg zur Überwindung Ihrer Ängste führt geradewegs auf diese zu. Bleiben Sie nicht stehen, weil Sie die Gefahr sehen, ein weiteres Mal zu scheitern!
Sie können dabei zusehen, wie Ihre Bedenken kleiner werden, je mehr Sie sich mit Ihren Befürchtungen auseinandersetzen und Sie sie zu überwinden versuchen. Drehen Sie aber Ihren Ängsten den Rücken zu, werden Sie weiter anwachsen und irgendwann zu einem unüberwindbaren Hindernis werden.

Unsere Furcht ist oft nur ein Konstrukt unserer Vorstellung. In Wahrheit ist das Hindernis gar nicht so hoch, wie wir es uns in unserer Fantasie ausmalen.

Machen Sie es wie die Super-Erfolgreichen unter uns und überwinden Sie Ihre Angst vor Versagen und Misserfolg! Mit diesen simplen Schritten wird es auch Ihnen gelingen, die Hürden aus dem Weg zu räumen:

1. Schreiben Sie auf, worüber Sie sich den Kopf zerbrechen und was Sie befürchten. Nur wenn Sie genau beschreiben können, was Ihnen Angst bereitet, können Sie sich der Furcht stellen. Die Scheu vor dem Unbekannten ist hingegen unüberwindbar.

2. Überlegen Sie, welche Folgen für Sie entstehen würden, ginge Ihr Unterfangen schief. Oft ist es nur die Angst unseren Stolz zu verlieren, die verhindert, dass wir etwas wagen. Sie sollten sich im Klaren sein, welche Konsequenzen auf Sie zukommen werden, wenn Sie scheitern. Ein abgelehntes Drehbuch oder ein negatives Feedback ist niemals der Untergang der Welt. Betrachten Sie ein Scheitern vielmehr als Chance, Ihr Projekt noch einmal überarbeiten zu können!

3. Setzen Sie sich mit den Folgen auseinander! Versuchen Sie, zu akzeptieren, dass diese Möglichkeit eintreffen könnte und machen Sie sich mit der Situation vertraut. Selbst wenn Sie Ihren Job verlieren könnten, ist dies nicht das Ende der Welt. Der Endpunkt einer Sache ist immer die Möglichkeit eines Neuanfangs.

4. Wenn sich herausgestellt hat, was der schlimmste Ausgang Ihres Wagnisses wäre, dann versuchen Sie alles, um dieses Ergebnis zu verhindern. Sie sind Ihres eigenen Schicksals Schmied! Vergessen Sie das niemals. Den größten Part Ihres Lebensweges haben Sie selbst in der Hand. Sie müssen nur den Fokus wahren und voller Selbstdisziplin auf Ihre Träume zusteuern.

Haben Sie nun herausgefunden, mit welchen Konsequenzen Sie rechnen müssen und versuchen nun alles, um einen solchen Ausgang zu vermeiden, wird Ihnen schlicht die Zeit für Angst vor einem Misserfolg fehlen.

Sie werden alles Mögliche unternehmen, um ein Scheitern zu verhindern. Sollten Sie doch scheitern, dann versuchen Sie es eben erneut.

Die Anfangsschwierigkeiten der Beatles, Silvester Stallones, Steven Spielbergs und John Grishams zeigen uns darüber hinaus eine weitere wichtige Eigenschaft, die uns zum Erfolg führen kann – Ausdauer.

Manchmal – so lehren es uns die Geschichten dieser prominenten Vertreter – gelingt der Erfolg nicht beim ersten Versuch. Manchmal bedarf es eines zweiten, dritten, vierten oder gar einundsiebzigsten Versuchs, um unsere Träume verwirklichen zu können.

Hätte Silvester Stallone nach dem siebzigsten Versuch aufgegeben, hätte es den Film Rocky niemals gegeben. Hätten die Beatles auf ihren ersten Produzenten gehört, wären sie nicht in die Musikgeschichte eingegangen.

Vielleicht haben auch Sie schlechtes Feedback von einem Lehrer oder Vorgesetzten erhalten. Womöglich hat Ihnen jemand gesagt, dass Sie nicht das Zeug dazu hätten, in dem Bereich, der Ihnen am Herzen liegt, erfolgreich zu sein.

Hören Sie auf, sich von unwichtigen Urteilen von Ihrem Weg abbringen zu lassen. Das Urteil eines einzelnen, selbst wenn es sich um einen vermeintlichen Experten auf diesem Gebiet handelt, sollte Sie niemals dazu veranlassen, aufzugeben.

Ein Rückschlag sollte Sie nicht in ein Loch des Selbstmitleids ziehen. Vielmehr sollten Sie so schnell wie möglich die Zügel wieder in die Hand nehmen und zurückschlagen. Aufgeben ist für einen selbstdisziplinierten Menschen keine Option.

Im Leben ist es irrelevant, wie viele Niederlagen wir einstecken müssen. Es geht nur darum, wie oft es uns gelingt, wieder aufzustehen. Vermögen wir, dieses eine letzte Mal wieder auf die Beine zu kommen, werden wir erfolgreich sein.

Auch Schauspieler haben oft einen beschwerlichen Weg hinter sich, bevor sie mit ihren Auftritten auf Kinoleinwänden und im Fernsehen Millionen verdienen.

Jennifer Aniston gibt zum Beispiel an, dass sie sich in New York erst als Kellnerin, Fahrradkurierin und Call-Center-Agentin durchschlagen musste, bevor es sie nach Los Angeles zog, wo sie zum berühmten Sitcom-Star aufstieg.

Matthew McConaughey musste sich – bevor er „True Detective“-Star wurde – mit einem geringen Gehalt, welches er mit der Pflege eines Golfplatzes verdiente, zufriedengeben.

Neben Ausdauer, Aufopferungsbereitschaft, Durchhaltevermögen und sicherem Auftreten gibt es noch einen Punkt, den Sie von den Super-Erfolgreichen lernen können.

Erfolgreiche Unternehmer haben alle eines gemeinsam. Sie haben strikte Tagespläne, mit denen sie für höchste Eigenproduktivität sorgen.

Um eine produktive Tagesroutine zu entwickeln, sollten Sie zunächst aufschlüsseln, mit welchen Aufgaben Sie momentan die Stunden eines Tages füllen. Erstellen Sie eine Liste mit allen Tätigkeiten, denen Sie während Ihres Arbeitstages Zeit widmen.

Sie werden erstaunt sein, wie vielen Aufgaben Sie nachgehen, die Sie nicht im Geringsten zum Erfolg führen. Deshalb nehmen Sie sich die Liste genau vor. Finden Sie drei Tätigkeiten, denen Sie nachgehen würden, könnten Sie Ihren Arbeitstag mit nur drei Aufgaben füllen.

Damit haben Sie die Hauptaufgaben Ihres Jobs ausfindig gemacht. Versuchen Sie, Ihren gesamten Arbeitstag nur mit diesen drei wichtigen Tätigkeiten zu füllen. Dies sind die drei Aufgaben, die Sie in Ihrer Arbeit zum Erfolg führen werden.

Unvorhergesehene Möglichkeiten des beruflichen Aufstiegs werden sich Ihnen bieten, wenn Sie auf Basis dieser simplen Anleitung einen strikten Tagesplan verfolgen.

Egal, ob Sie sechs, acht, zehn oder zwölf Stunden an Ihrem Arbeitsplatz verbringen, folgen Sie strukturiert und diszipliniert Ihren drei Hauptaufgaben. Beweisen Sie Ihren Vorgesetzten, welchen Gewinn Sie für das Unternehmen darstellen! Dies ist der kürzeste Weg zu beruflichem Aufstieg.

Entdecken auch Sie Ihr verstecktes Potenzial zu mehr Selbstdisziplin, indem Sie die Lebensweisen der Super-Erfolgreichen annehmen. Es ist kein Kunststück, zielstrebig und diszipliniert durchs Leben zu gehen. Es ist nur eine Frage Ihrer Willenskraft!

3 digitale Hilfsmittel zu mehr Selbstdisziplin

Ebenso wie die digitale Welt zur Ablenkung werden kann, können wir digitale Hilfsmittel nutzen, um unsere Ziele mit mehr Disziplin schneller zu erreichen. Sowohl im Sport-, Finanz-, als auch im Lern- und Wissensbereich können uns Apps helfen, zielstrebiger zu handeln.

Am Morgen oder Abend die Motivation zu finden, Sport zu treiben ist für viele Menschen nicht leicht. Oft nehmen wir uns vor, direkt am nächsten Tag mindestens eine halbe Stunde ein Work-out zu absolvieren.

Ist dann der nächste Tag gekommen, finden wir eine Ausrede, das Sportprogramm auf einen anderen Termin zu verlegen, oder wir vergessen gar, dass wir an unserer Fitness arbeiten wollten.

Vor allem, wenn wir aus der Übung sind, fällt es uns schwer, uns im Fitnessstudio anzumelden. Wir sehen die ambitionierten Sportler, die seit Jahren Gewichte stemmen und verlieren den Mut.

Schließlich entscheiden wir uns dazu, nicht ins Fitnessstudio zu gehen und geben es im schlimmsten Fall ganz und gar auf, eine wöchentliche Sportroutine zu entwickeln.

Das Geheimnis meiner Fitness-Steigerung liegt in der Nutzung einer Fitness-App. Sie downloaden eine der zahlreichen Work-out-Hilfen auf Ihr Smartphone oder Tablet, geben Alter, Gewicht und Zielvorstellungen an und schon kann es losgehen.

Alles, was Sie benötigen, ist eine Gymnastikmatte, Sportkleidung und ein Raum, in dem Sie sich frei bewegen können. Die App erstellt für Sie ein Programm, das über mehrere Monate eine Grundfitness aufbaut.

Natürlich können Sie auch jeden Tag Ihre Matte ausrollen und Liegestütze, Kniebeuge und Sit-ups im Wechsel ausführen bis Ihnen die Kraft ausgeht. Doch werden Sie das wirklich tun? Mir persönlich ist auf diese Weise nicht gelungen, eine körperliche Fitness aufzubauen.

Das digitale Hilfsmittel gab mir hingegen endlich den Antrieb, den ich brauchte. Der Trainingsplan, der ganz auf meinen Körper und meine Vorstellungen angepasst ist, war abwechslungsreich.

Ich habe vier Mal in der Woche die App am Morgen geöffnet und das Programm durchgezogen. Auch wenn ich glaubte, die Kraft ginge mir aus, habe ich weitergemacht.

Der Vergleich mit anderen kann in dieser Hinsicht gar ein großer Ansporn sein. In den meisten Apps können Sie den eigenen Fortschritt mit anderen Nutzern vergleichen und sich so entweder darüber freuen, dass Sie bereits stärker und fitter sind als die anderen, oder Sie können die Erfolge anderer dazu nutzen, sich noch ambitioniertere Ziele zu setzen. Der Vergleich mit anderen wird Sie also in dieser Hinsicht zu mehr Leistung anspornen.

Auch für das Lauftraining können Sie Apps nutzen, die Ihnen helfen, in einer bestimmten Zeit zu Höchstformen zu gelangen.

So können Sie sich vornehmen, einen 10-Kilometer-Lauf, einen Halb- oder Ganz-Marathon zu absolvieren. Die App stellt Ihnen einen Trainingsplan auf, mit dem Sie in 12 oder 16 Wochen fit genug werden, um einen solch langen Lauf zu meistern.

Als ich über die Ziellinie meines ersten Marathons lief, war ich der glücklichste Mensch auf Erden. Ich kann Ihnen nur empfehlen, ambitionierte sportliche Ziele zu verfolgen.

Es wird Ihren Körper nicht nur zu einem fitten und gesunden Organismus formen, sportlicher Ehrgeiz wird darüber hinaus mehr Selbstbewusstsein in Ihnen erwecken.

In den Apps, die Sie beim Lauftraining unterstützen, können Sie auch frühere Läufe herausfordern. So können Sie zum eigenen Konkurrenten werden. Sie sollten niemals die Macht des Konkurrenzdenkens unterschätzen.

Wir Menschen neigen dazu, besser sein zu wollen als andere oder eben auch als unser früheres Ich und über diesen Ansporn finden Sie einen effektiven Weg zum Erfolg.

Fitness-Apps werden Ihnen weder die körperliche Anstrengung abnehmen, die es bedarf, um gesund und fit zu werden, noch wird es Ihnen in weniger Trainingszeit gelingen, ein Sixpack aufzubauen oder die Ausdauer für einen Marathon zu bilden.

Trainings-Apps werden Ihnen aber dabei helfen, die Motivation zu regelmäßigen Sporteinheiten zu finden. Durch das organisierte und auf Erfolg ausgelegte Training werden Sie schon bald freudig in Ihre Laufschuhe schlüpfen und auf der Gymnastikmatte bis an Ihre Limits gehen.

Ich verspreche Ihnen, dass Sie nach wenigen Wochen nicht mehr wissen, wie Sie in der Vergangenheit ohne regelmäßige Sporteinheiten leben konnten. Denn auch beim Sport gilt: Zum Erfolg führende Gewohnheiten können genauso leicht gebildet werden wie schlechte Eigenarten, die uns träge machen.

Die digitale Welt kann Ihnen auch auf finanzieller Ebene helfen, diszipliniert zu werden. Millionen von Menschen in Deutschland plagen sich mit Schulden.

Dies betrifft nicht unbedingt Personen, die über wenige Einnahmen verfügen. Auch Mittelständler überziehen immer wieder ihren Dispo-Kredit. Oft geraten Menschen in die Schuldenfalle, weil sie ihre Ausgaben falsch einschätzen.

Ohne jegliche Disziplin neigen wir dazu, unser Geld unnötig zu verschwenden. Wir leben in einer Welt, die durch Konsum bestimmt wird. Wir denken, ohne die neuesten Modetrends nicht „up to date" und ohne die innovativsten technischen Errungenschaften schnell rückständig zu sein.

Machen Sie jedoch nicht den fatalen Fehler, Anschaffungen unüberlegt zu tätigen. Oft denken wir, dass bestimmte Dinge so günstig sind, dass kein Weg an ihnen vorbei führt. Wir werfen nach und nach unser Einkommen für überflüssige Konsumgüter aus dem Fenster.

Eine große Anschaffung, beispielsweise ein neues Auto, überdenken wir dagegen länger. An einem Schnäppchen, das wir im Internet oder in einem Geschäft entdecken und das nur wenig kostet, verschwenden wir hingegen kaum Überlegungen, wir kaufen es einfach. Schließlich ist es – verglichen mit dem monatlichen Einkommen – ein sehr geringer Preis.

Der kürzeste Weg zu finanzieller Unabhängigkeit führt über die Kontrolle der eigenen Ausgaben, und dies von jeglichen Versicherungskosten bis hin zu gekauftem Kaugummi von der Tankstelle.

Oft müssen wir nicht unbedingt MEHR Geld verdienen, um am Ende des Monats genug Mittel zur Verfügung zu haben, die unsere Träume Wirklichkeit werden lassen können. Meistens genügt es, die Ausgaben besser zu kontrollieren.

Jeder sollte eine Finanz-App auf seinem Smartphone installieren. Diese hilft uns, den Überblick über Einnahmen und Ausgaben zu behalten.

Als ich vor einigen Jahren begonnen habe, eine solche App zu nutzen, war ich überrascht, wie viel Geld ich am Monatsende in kleine Annehmlichkeiten oder in überflüssigen Krempel investierte.

Die Apps sind so aufgebaut, dass Sie Ihre Ausgaben speziellen Kategorien wie Transport, Restaurant, Essen, Gebühren, Versicherung, etc. zuordnen können. Sie können am Monatsende einsehen, welche Bereiche den größten Teil Ihrer Kosten verschuldet haben. Viele Menschen beginnen bereits nach dem ersten Monat, ihre Gewohnheiten umzustellen.

Wirklich schlechte Gewohnheiten wie Rauchen finden mit der Installation einer Finanz-App oft ihr Ende. Sehen Sie als Raucher, wie viel Geld Sie im Monat für krankmachenden Tabak ausgeben, werden Sie womöglich im nächsten Monat Ihren Zigarettenkonsum einschränken oder im Idealfall gar gänzlich aufgeben.

Auch im Bereich des Transports kann es zu Beobachtungen kommen, durch die Sie Ihre Gewohnheiten hinterfragen. Finden Sie beispielsweise heraus, dass Sie sehr viel Geld für Kraftstoff ausgeben, beginnen Sie bestenfalls, häufiger das Fahrrad zu nutzen. So sparen Sie nicht nur Kosten, Sie werden auch fit und setzen sich für die Umwelt ein.

Wenn Sie Selbstdisziplin erreichen wollen, benötigen Sie Kontrolle über sich selbst. Ein wichtiger Faktor in unserem Leben sind unsere Finanzen. Haben wir die Kontrolle darüber verloren, befinden wir uns in einem sehr einschränkenden und auch beängstigenden Zustand.

Wir haben nicht die Möglichkeit, uns weiterzubilden, weil das Geld für Fortbildungskurse und Fachliteratur fehlt. Wir können nicht über einen Berufswechsel nachdenken, weil wir unseren Job nicht aufgeben können. Deshalb rate ich Ihnen dringend, gewinnen Sie die Kontrolle über Ihre Finanzen und beginnen Sie in einem ersten Schritt, den Überblick über Ihre Ausgaben zu erlangen.

Vielen Menschen ist gar nicht bewusst, wie viel Geld sie für unnötige Dinge ausgeben. Setzen Sie sich mit Ihren Ausgaben auseinander, erkennen Sie vielleicht, dass Ihr Mobilfunkvertrag viel zu teuer ist.

Sie entdecken Versicherungen, von denen Sie gar nicht wussten, dass sie existieren. Gehen Sie Posten für Posten Ihre Kontoauszüge durch und tragen Sie alle Kosten in Ihre Finanz-App ein.

Ihnen können digitale Angebote dabei helfen, einen Überblick über Ihre Ausgaben zu gewinnen. Sie haben die Möglichkeit, Einsparpotenziale zu erkennen. Sie werden mit diesem digitalen Hilfsmittel lernen, disziplinierter mit dem Geld umzugehen, das Ihnen zur Verfügung steht.

Und jeden Cent, der übrig ist, können Sie dann in die Verwirklichung Ihrer Träume investieren...

Auch einen dritten Bereich, den Sie für ein selbstdiszipliniertes Leben unbedingt benötigen und ausbauen sollten, können Sie mit digitalen Hilfsmitteln unterstützen.

Podcasts, jederzeit zugängliche Online-Enzyklopädien und Sprachlern-Apps können Sie nutzen, um Ihren Wissensschatz zu erweitern und so nach und nach zum Experten werden. Dank des Internets können Sie egal wo Sie sind, Begriffe, über die Sie bei Ihren Recherchen stolpern, nachschlagen.

Das Internet ist auf dieser Ebene ein großer Gewinn für uns. Ich nutze es täglich, um Schreibweisen unbekannter Wörter und die Bedeutung verschiedener Begriffe nachzuschlagen. Verschiedene Blogs geben zudem Aufschluss über alle nur erdenklichen Themen.

Natürlich sollten Sie die Informationen im Internet mit Bedacht aufnehmen. Sie unterliegen keiner strengen Kontrolle, deshalb können Fehler in der Recherche auftreten. Aber dank des großen Fundus an verschiedenen Websites können Sie die erhaltenen Auskünfte prüfen.

Neben digitalen Enzyklopädien und Blogeinträgen bietet die digitale Welt auch andere Formen der Informationsvermittlung. Mit Podcasts, denen Sie auf einer Zugfahrt oder bei der Fahrt auf der Autobahn folgen können, lernen Sie nebenbei Neues über die Themen, die Ihnen am Herzen liegen.

Jeden Tag werden neue Audiodateien hochgeladen. Egal, welches Thema Sie interessiert – Sie werden fündig werden. Ich informiere mich beinahe täglich über Geschichte, aktuelle Nachrichten, Gesellschaftsphänomene und individuelle Leidenschaften über verschiedene Podcasts.

Dank des großen Angebots habe ich in der Vergangenheit Wissen über Themen gesammelt, von denen ich zuvor nicht die geringste Ahnung hatte. Podcasts sind eine perfekte Möglichkeit, um sich schnell und nebenbei Informationen über verschiedenste Bereiche einzuholen.

Und auch ambitioniertere Ziele können Sie mit digitalen Hilfsmitteln verfolgen. Sie finden im Internet Anleitungen zum Erlernen verschiedener Instrumente.

Sie werden auf Apps stoßen, mit deren Hilfe Sie neue Sprachen erlernen können. Sie werden Anleitungen zu vielen handwerklichen Fragen finden und auch Hobbyköche können mit Videos im Internet ihre Künste verfeinern.

Das digitale Zeitalter eröffnet uns einen riesigen Schatz an Möglichkeiten zur Weiterbildung. Wir müssen uns diesen enormen Schatz nur zu Nutzen machen.

Vorsicht vor zu hohen Ansprüchen an sich selbst!

Jeder Mensch hat eine eigene Definition von Erfolg und Glück. Manch einer ist zufrieden, hat er neben der beruflichen Tätigkeit sehr viel Zeit für die Familie. Es genügt dem einen oder anderen, wenn er genug Geld zur Verfügung hat, um den Lebensunterhalt zu bestreiten und einen Teil für die Rente zurücklegen zu können.

Nicht jeder MUSS finanziell und beruflich hoch hinauswollen. Manch einer träumt von privatem Glück, ein anderer möchte sein Hobby in den Fokus seines Lebens rücken, ohne zwangsweise damit Geld verdienen zu müssen. Wieder ein anderer strebt danach, Millionen zu besitzen und mit den Reichsten dieser Welt an einem Tisch zu sitzen.

Egal, wonach Sie sich sehnen – machen Sie hier nicht den Fehler, sich mit anderen zu vergleichen. Glück und Erfolg definiert jeder für sich selbst. Man braucht ambitionierte Ziele, um ein glückliches Leben führen zu können. Konzentrieren Sie sich jedoch dabei wirklich auf sich selbst! Was sind Ihre Träume und Wünsche?

Kontrahieren Sie sich nicht mit Ihrem Nachbarn und beneiden das, was er hat. Er wohnt vielleicht in einem größeren Haus, doch womöglich quält diesen die Einsamkeit, weil er nie genug Mühe in eine Beziehung investiert hat.

Sie dagegen haben eine glückliche Partnerschaft, weil Sie Ihrem Privatleben neben der beruflichen Karriere genug Zeit gewidmet haben.

Ich sage es noch einmal: Jeder ist seines eigenen Schicksals Schmied. Die Betonung möge ich nun auf das kleine Wörtchen „eigen“ legen. Denn Sie sollten niemals einen Traum verfolgen, weil Ihnen diesen jemand anderes in den Kopf gesetzt hat.

Überlegen Sie immer genau, ob die Ziele, nach denen Sie streben, wirklich aus Ihrem innersten Selbst kommen. Wenn Sie unsicher sind, blättern Sie noch einmal zurück in den ersten Teil des Buchs und stellen Sie sich die Fragen des *Ikigai*-Prinzips erneut.

Überhaupt ist es sinnvoll, die Aspekte, die zum eigenen Glück führen, immer wieder zu hinterfragen. Denn jeder Mensch ändert sich. Vielleicht haben Sie früher nach Reichtum gestrebt, haben dann aber den Menschen Ihrer Träume kennengelernt und sind in Ihrem persönlichen Glück aufgeblüht.

Überlegen Sie genau, ob es sinnvoll ist, zu viele private Opfer zu wagen, um eine bessere Anstellung und damit ein höheres Einkommen zu erzielen.

Natürlich sollten Sie sich an erfolgreichen Menschen orientieren, um Ihre Ziele erreichen zu können. Meiden Sie jedoch, die Träume anderer zu verfolgen! Die Wünsche, nach denen Sie streben, sollten stets aus Ihrer innersten Überzeugung entstammen.

Wenn Sie das Leben führen, von dem Sie immer geträumt haben, dann blicken Sie nicht neidisch auf die Dinge, die Sie nicht haben wollen. Gönnen Sie Ihrem Nachbarn das größere Haus und freuen Sie sich über Ihre intakte Beziehung.

Glück ist ein Gefühl, das vom Inneren entstammt. Betrachten Sie Ihre Situation deshalb immer aus ihrer Perspektive und nicht mit den Augen anderer. Richten Sie Ihren Blick außerdem vollkommen nach innen und nicht auf das Leben anderer Menschen.

Beginnen wir uns nach Wünschen zu sehnen, die nicht unsere eigenen sind, kann es schnell geschehen, dass wir unglücklich werden.

Sie müssen nicht Ihre Arbeitsstunden auf sechzig Stunden pro Woche erhöhen, wenn Sie nicht sehnlichst nach einem höheren Posten in Ihrem derzeitigen Job streben.

Vielleicht ist es Ihr Traum, mit einer anderen Tätigkeit Ihren Lebensunterhalt zu verdienen. Dann stecken Sie nicht unnötige Zeit und Kraft in einen Job, der Sie nicht erfüllt.

Versuchen Sie Ihre derzeitige Anstellung eher als Mittel für Finanzierung zu sehen, während Sie versuchen, auf dem Gebiet zum Experten zu reifen, der Ihnen am Herzen liegt.

Sie können das Geld, das am Monatsende übrig ist, in Kurse und Ihre Ausbildung investieren. Nach und nach werden Sie so zum Experten. Sukzessive entwickeln Sie Fähigkeiten, die Ihnen auf dem Weg zu Ihrem ganz persönlichen Glück helfen werden.

Jagen Sie den falschen Zielen nach, kann schnell geschehen, dass psychische Probleme auftreten. Viele Arbeitnehmer in Deutschland plagen sich mit einer Depression oder einem Burn-out.

Der Grund für ein Burn-out liegt oft darin, dass Sie zu viel Mühe in einen Job stecken, der Sie nicht mit Glück erfüllt. Die Betroffenen beginnen einen Kampf gegen sich selbst, den Sie nicht gewinnen können.

Es ist viel einfacher, seine Kraft in eine Tätigkeit zu investieren, die uns unseren Zielen näherbringt. Haben Sie also ein Ziel im Visier, das Sie erfüllt und das wirklich auf Ihren inneren Leidenschaften und Werten basiert, sind Sie besser vor einem Burn-out geschützt.

Das Krankheitsbild einer Depression verläuft ein wenig anders und ist oft eher weniger mit beruflichem Druck verbunden.

Schon seit Jahrtausenden scheinen die Menschen unter depressiven Zuständen zu leiden. Das griechische Wort „Melancholie" setzt sich zusammen aus *mela* (schwarz) und *chol* (Galle). Die schwarze Galle stand in der antiken Vorstellung für Weltschmerz, Selbstzweifel und Schwermut.

Depressive Menschen leiden an Freudlosigkeit, innerer Unruhe, Müdigkeit und Antriebslosigkeit. Ärzte gehen davon aus, dass etwa 20 Prozent aller Bundesbürger schon an einer Depression erkrankt sind oder gar momentan depressiv sind.

Haben wir den Fokus in unserem Leben verloren, kann es zu negativen Gemütszuständen kommen. Wichtig ist vor allem, dass Sie die Symptome erkennen und sie nicht auf die leichte Schulter nehmen. Wenn auch Sie sich oft abgeschlagen fühlen, dann versuchen Sie in sich zu gehen.

Erörtern Sie, welche Ursachen die melancholische Stimmung verursachen. Nehmen Sie sich eine wertvolle Auszeit und konzentrieren Sie sich wirklich nur auf sich und Ihre Wünsche. Wenn Sie nicht auf Ihre geistige Gesundheit achten, werden Sie auf Dauer nicht glücklich werden.

Die körperlichen Ursachen für beide genannten Krankheiten sind ähnlich. Sowohl ein Burn-Out, als auch eine Depression beginnen mit dem Abfall der Stimmungshormone Serotonin und Noradrenalin. Dadurch gehen die gute Laune und der innere Antrieb verloren.

Dies wiederum führt zu einem gefühlten Anstieg der Arbeitsbelastung. Glück und die Kraft, Mühe in eine Aufgabe zu stecken, gehen ganz klar Hand in Hand. Wenn Sie schwermütig auf Ihre Lebensumstände blicken, wird Ihnen die Energie fehlen, um an Ihren Zielen zu arbeiten.

Je mehr die gefühlte Arbeitsbelastung steigt, desto höher wird die Konzentration des Stresshormons Cortisol im Blut. Dieses Hormon hemmt die Glücks- und Antriebshormone an der weiteren Produktion. Sie geraten in einen Teufelskreis, aus dem Sie ohne fremde Hilfe nur schwer wieder entkommen.

Machen Sie deshalb nicht den fatalen Fehler, zu viel Mühe in etwas zu stecken, für das Sie nicht brennend begeistert sind. Geben Sie einer Sache, die Sie nicht mit Glück erfüllt, zu viel Kraft, kann es leicht passieren, dass Sie einen Burn-Out erleiden.

Doch auch Selbstständige, die ihren Lebenstraum mit einem eigenen Unternehmen verwirklicht haben, sind vor psychischen Belastungsstörungen nicht gefeit.

Vor allem in der Anfangszeit müssen Sie in ein selbst gegründetes Gewerbe sehr viel Kraft und Zeit stecken. Nur wenn Sie sich einen Kundenstamm aufbauen, eine professionelle Website erstellen und stets „up to date“ sind, können Sie sich unter Ihren Konkurrenten behaupten.

Dafür müssen Sie lange Arbeitstage in Kauf nehmen. Jeder, der sich mit seinem Lebenstraum selbstständig machen möchte, muss dies tun.

Dennoch sollten Sie sich Grenzen setzen. Sie müssen Ihrem Körper auch hin und wieder Ruhe gönnen. Die folgenden Punkte sollten Sie beachten, um den Beginn eines Burn-Outs oder einer Depression zu erkennen:

---

1. Fühlen Sie sich über einen längeren Zeitraum erschöpft und antriebslos? Wenn es Ihnen immer schwerer fällt, morgens aus dem Bett zu steigen oder Aufgaben, die Sie früher mit Freude erfüllt haben, zu erledigen, dann sollten die ersten Alarmglocken in Ihrem Kopf läuten.

2. Leiden Sie unter Schlafstörungen, starken Kopfschmerzen oder einem lang anhaltenden Grippegefühl? Depressionen und Burn-out machen sich auch durch körperliche Krankheitsgefühle bemerkbar. Achten Sie stets auf diese Signale Ihres Körpers!

3. Spüren Sie Existenz- und Versagensängste? Jeder plagt sich hin und wieder mit Zukunftsängsten. Wenn Sie aber durchgehend von schweren Ängsten übermannt werden, ignorieren Sie diese Emotionen nicht!

4. Überkommt Sie häufig das Gefühl, die Kontrolle über Ihr Leben zu verlieren? Wenn Sie grundlos das Empfinden registrieren, Ihnen würde der Boden unter den Füßen verloren gehen, dann reagieren Sie, indem Sie sich Hilfe suchen!

Wenn Sie unter mehreren dieser Symptome leiden, könnte tatsächlich eine Depression oder ein Burn-Out hinter Ihrem Gemütszustand stecken.

Einen schlechten Tag hat jeder mal. Halten die Erschöpfungssymptome aber über mehrere Wochen an, sollten Sie dringend einen Gang zurückschalten. Hilft dies auch nicht, sollten Sie einen Arzt aufsuchen. Eine Depression und ein Burn-Out sind ernstzunehmende Krankheiten, die gar bis zum Suizid führen können.

Um Überbelastung zu vermeiden, sollten Sie also stets zwei Dinge beachten. Zum einen sollten Sie sicherstellen, dass Sie wirklich Ihre eigenen Ziele verfolgen. Führt das, was Sie tun zu dem Erfolg, von dem Sie im tiefsten Inneren träumen?

Sie sollten sich deshalb mindestens einmal in der Woche die Zeit nehmen, Ihr Leben von außen zu betrachten. Handeln Sie wie ein Maler, der während seiner Arbeit von seinem Kunstwerk ablässt, um zurückzutreten und es kritisch zu betrachten.

Genau wie der Künstler, der an seinem Werk arbeitet, sollten Sie die Zeit finden, um Ihr Leben von außen in Augenschein zu nehmen. Steuern Sie wirklich auf das eigene Glück zu? Stecken Sie Mühe in einen Job, der Sie erfüllt oder der Sie Ihrem Glück in irgendeiner Form näher bringt? Beantworten Sie diese Fragen ehrlich und kritisch!

Zum anderen sollten Sie, auch wenn Sie Ihren Zielen nachjagen, stets auf Ihren Körper achten. Selbst wenn wir für etwas brennen, dürfen wir uns selbst nicht überstrapazieren. Sorgen Sie stets dafür, dass Ihr Körper mit Kraft bringenden Auszeiten versorgt wird.

Betroffene von Depressionen oder Burn-Out sind oft Perfektionisten. Versuchen Sie, nicht immer alles perfekt meistern zu wollen. Oft können Sie mit wenig Aufwand einen Großteil Ihres Zieles erreichen.

Der Schritt zu Perfektion hingegen verlangt sehr viel mehr Kraft. Haben Sie den Mut, nicht jede Aufgabe bis ins kleinste Detail auszuarbeiten, finden Sie mehr Zeit für sich selbst und die Menschen, die Ihnen wichtig sind.

Außerdem ist es besonders bedeutend, Ihre sozialen Beziehungen nicht aus dem Blick zu verlieren. Haben Sie Ihr Unternehmen zu Erfolg geführt, jedoch Freundschaften und Partnerschaften aufs Spiel gesetzt, werden Sie am Ende nicht glücklich sein.

Oft haben Vertraute das beste Gespür dafür, wenn Sie sich zu viel aufbürden. Geraten Sie nicht in einen Tunnel, in dem Ihr Fokus nur noch auf dem Erfolg Ihres Geschäfts liegt. Zu einem rundum glücklichen Leben gehören neben dem beruflichen Glück vor allem beständige soziale Beziehungen.

Nehmen Sie sich kleine Auszeiten, auch wenn Sie denken, die Arbeit nicht ruhen lassen zu dürfen. Sie werden keinen einfacheren Weg finden, um zu neuen Kräften zu gelangen.

Dieser Tipp gilt nicht nur für Selbstständige, die tagtäglich eine Menge um die Ohren haben. Auch wenn Sie begonnen haben, sich gesund zu ernähren oder Sport zu treiben, sollten Sie Ihrem Körper und Ihrem Geist hin und wieder eine Auszeit gönnen.

Unterschätzen Sie nicht die Macht des Cheat-Days! Ich habe Ihnen verraten, wie Super-Erfolgreiche den Cheat-Day nutzen, um noch erfolgreicher zu werden.

Beginnen Sie, in einem strengen Trainings- und Ernährungsplan einen Tag in der Woche zu schummeln und entdecken Sie die Vorteile dieser effektiven Methode.

Auch beim Aufbau eines eigenen Unternehmens sollten Sie sich Freizeit gönnen. Vielleicht verbringen Sie einen Nachmittag mit Freunden und Familie oder Sie gehen mit Ihrem Partner ins Kino.

Befinden Sie sich gerade auf der Straße des Erfolgs, dann verlieren Sie das persönliche Glück nicht aus dem Fokus. Haben Sie zu viel Kraft in den erfolgreichen Aufbau eines Unternehmens gesteckt, werden Sie es womöglich bereuen, weder auf Ihren Körper noch auf Ihre sozialen Beziehungen achtgegeben zu haben.

Die erfolgreichsten Menschen sind die, die zukunftsorientiert sind. Kurzfristige Erfolge dienen als Antrieb, doch werden sie uns nicht dauerhaft glücklich machen.

Wer im Alter auf ein erfolgreiches und zufriedenes Leben zurückblicken will, der muss in der Gegenwart und in der nahen Zukunft stetig Opfer bringen, um wahres Glück zu erlangen. Selbstdisziplin ist eine Eigenschaft, die Sie sich stets bewahren sollten.

Dies gilt für alle Aspekte des Lebens, für Finanzen oder auch Ihre Ehe, Partnerschaft und Gesundheit.

Im Berufsleben können Sie durch Opfer, die Sie in der Gegenwart bringen, einen hohen Mehrwert in der Zukunft erlangen.

Sparen Sie jeden Monat 100 Euro, anstatt das Geld für vergängliche Annehmlichkeiten wie einen täglichen „Coffee to go" oder ein wöchentliches Abendessen in einem teuren Restaurant auszugeben, werden Sie sich im Alter über mehr finanzielle Unabhängigkeit freuen können.

Genauso gewinnen Sie an Zufriedenheit und Glück, wenn Sie selbstdiszipliniert Mühe und Kraft in ein funktionierendes Privatleben stecken. Arbeiten Sie in der Gegenwart an Ihrer Beziehung, indem Sie Kompromisse finden und Ihre eigenen Bedürfnisse auch gelegentlich in den Hintergrund stellen, wird es Ihnen gelingen, eine lange und stabile Partnerschaft zu entwickeln und diese zu bewahren.

Wer sein Leben lang gesund und fit bleiben will, der sollte noch heute beginnen, über seine Ess-, Schlaf- und Sportgewohnheiten nachzudenken. Wollen Sie im hohen Alter noch Wanderungen unternehmen und am sozialen Leben teilhaben können, sollten Sie verschiedene Sportarten in Ihren Alltag einbauen.

Neben Sport ist ein regelmäßiger, ausreichender und erholsamer Schlaf von Bedeutung, wollen Sie sich lange an Ihrer Gesundheit erfreuen. Täglicher Fleischkonsum führt zu Herzerkrankungen, Schlaganfällen und Krebs. Dies sind die häufigsten Todesursachen der westlichen Welt.

Wer sich lange an einem zufriedenen Leben erfreuen will, der sollte lernen, den Konsum tierischer Produkte einzudämmen und seinen Teller größtenteils mit pflanzlichen Lebensmitteln zu füllen. Diese enthalten mengenweise Vitamine und Mineralstoffe, die Ihre Zellen erneuern und Ihren Kreislauf ankurbeln werden.

Bringen Sie die nötige Selbstdisziplin auf, täglich einen gesunden Lebensstil zu pflegen, werden Sie mit einem vitalen Körper bis ins hohe Alter belohnt.

Neben einem gesunden Stoffwechsel und fleißiger Zellproduktion ist vor allem ein wissensdurstiger, wacher und hungriger Geist von Nöten, um lebenslänglich Erfolge feiern zu können.

Ich habe es schon betont, aber ich kann es nicht oft genug sagen: Alltagstrott und Stagnation sind die Gründe für den Verlust des Kurses, der zu Erfolg und Glück führt.

Haben Sie im Job eine Position erreicht und geben sich mit dieser über viele Jahre zufrieden, ohne auch nur im Geringsten Ihre Fähigkeiten erweitern zu wollen. Was motiviert Sie dann, frühmorgens überhaupt arbeiten zu gehen?

Verfolgen wir keine ambitionierten, persönlichen Träume, haben wir kaum einen Grund, am Morgen das Bett zu verlassen!

Um ein Leben lang glücklich zu sein, benötigen Sie Ziele, denen Sie voller Hingabe, Aufopferungsbereitschaft und Fleiß nacheifern können. Je ambitionierter Ihre Vorstellungen sind, desto größere Erfolge werden Sie feiern können.

Vor allem Rentner blühen nach 45 Jahren Arbeitstrott erneut auf. Sie beginnen, sich plötzlich neue, ambitionierte Lebensziele zu setzen. Jeden Tag lesen sie Fachliteratur, um Experten der Imkerei, des Gärtnerns oder gar des Programmierens zu werden.

Sie beginnen ein Instrument oder eine zweite Fremdsprache zu erlernen. Sie testen völlig neue Rezepte in der Küche und lernen neue, fremde Zutaten kennen.

Sie denken, dass sie endlich die Zeit hätten, ihre Träume Wirklichkeit werden zu lassen. Die letzten Jahrzehnte haben sie sich nur auf die Kindererziehung und die Arbeit konzentriert.

Doch während ich mich über den neu entdeckten Antrieb und die Lebensfreude der Rentner freue, gerate ich ins Grübeln. Wäre es diesen Menschen nicht schon sehr viel früher möglich gewesen, die Kraft und die Zeit zu finden, auf solcherlei Träume hinzuarbeiten?

Ein Vollzeit-Job raubt uns natürlich viel Freizeit. Die Erziehung eines Kindes benötigt tagtäglich eine Menge Aufopferung. Aber zwischen diesen Aufgaben, muss es uns gelingen, Zeit und Raum zu finden, um unsere Träume verwirklichen zu können.

Der effektivste Weg für mehr Freizeit ist die Abschaffung des Fernsehers und die Kündigung des Streaming-Accounts.

Wir verbringen zu viel Zeit mit dem Schauen von Serien, Werbung und TV-Sendungen, die unseren Horizont nicht im Geringsten erweitern! Ein Sonntag ist schnell verloren, verbringen Sie ihn den ganzen Tag am Fernseher.

Auch wenn Ihnen neben Ihrem Job, der Kindererziehung und anderen Pflichten wenig Freizeit bleibt, lernen Sie diese wenige Zeit sinnvoll zu nutzen. Statt eine Stunde vor dem Fernseher zu sitzen, können Sie im Park joggen gehen, wenn Sie fit werden wollen.

Statt die neueste Serie auf Netflix zu schauen, nehmen Sie ein Buch zu einem Thema zur Hand, das Sie schon immer interessiert hat. Vielleicht werden Sie gar zum Experten auf dem Gebiet.

Dies ist Ihre Chance, um Ihr Leben selbst in die Hand zu nehmen. Haben Sie sich erst daran gewöhnt, den Fernseher nicht anzuschalten und stattdessen an Ihren Fähigkeiten und Ihrem Wissen zu arbeiten, wird es normal werden, die Abende mit dem Lesen von Fachliteratur zu verbringen. Wie auch schlechte Eigenarten stellen sich in unserem

Leben gute Gewohnheiten nach kurzer Zeit ein. Ganz automatisch werden Sie am Abend ein Buch zur Hand nehmen und die Fernbedienung ignorieren. Sie müssen nur den ersten Schritt wagen.

Lassen Sie die Tage nicht einfach an Ihnen vorbeiziehen. Nutzen Sie die Zeit, die Ihnen gegeben ist. Entlocken Sie sich sowohl im Arbeitsalltag als auch in Ihrer Freizeit das Beste. In jedem Job haben Sie die Möglichkeit, sich weiterzuentwickeln. Sie müssen nur die Disziplin dafür aufbringen.

In jeder freien Stunde haben Sie die Wahl, wie Sie diese nutzen wollen. Bringen Sie die Willenskraft auf, sich weiterzuentwickeln, werden Sie auf ein Leben voller Erlebnisse und Erfolge zurückblicken. Verharren Sie passiv vor dem Fernseher, werden Sie sich irgendwann fragen, wie all die Jahre Ihres Lebens so schnell ungenutzt verstreichen konnten.

Der Pfad der Selbstdisziplin ist ein narrensicherer Weg, um im Leben konstant glücklich zu sein und im hohen Alter zufrieden auf die vergangenen Jahre zurückzublicken. Diese Eigenschaft wird Sie dauerhaft zu einem zufriedenen Menschen machen.

Blicken Sie auf ein Leben zurück, das Sie zielgerichtet geführt haben, werden Sie keineswegs die vielen Entbehrungen Revue passieren lassen. Sie werden ein Leben betrachten, in dem Sie all Ihre Möglichkeiten ergriffen haben.

Selbstdisziplin wird Ihnen dazu verhelfen, Ihre Träume und Wünsche zu verwirklichen. Die kleinen Entbehrungen, die Sie leisten müssen, sind das Glück allemal wert.

Selbstdisziplin wird die beste Version Ihrer Person hervorbringen. Halten Sie sich an die Ratschläge, die ich Ihnen in diesem Buch vorgestellt habe, wird Ihrem Glück und Ihrem Erfolg nichts mehr im Wege stehen.

Mehr Bücher für Ihren persönlichen Erfolg!

ZEIT & FOKUS
Konzentriert arbeiten

Wie Sie durch Selbstdisziplin und effektives Zeitmanagement maximale Produktivität erreichen und die geheimen Fokus-Strategien der Super-Erfolgreichen anwenden

„Gibt dem Leser allerhand Werkzeug mit, sein Leben als Meisterwerk zu meißeln.“

– Amazon Kunde

Das Zeit & Fokus Buch zeigt Ihnen, wie Sie auf Knopfdruck fokussiert arbeiten und in weniger Zeit mehr Ergebnisse erzielen.

In seinem neuen Buch ZEIT & FOKUS verrät Ihnen Matthias Brandt die bisher noch nie veröffentlichten Strategien der Super-Erfolgreichen. **Raffiniertes Zeitmanagement** kombiniert mit **laserscharfen Fokus**, sind die zwei essenziellen Schlüssel für Ihren Erfolg. Dieses Buch ist Ihr persönlicher Leitfaden, wie Sie in kurzer Zeit diese zwei wertvollen Fähigkeiten in sich vereinen.

ISBN: 978-1691263165

Matthias Brandt

SPEED READING
Schneller & besser Lesen

Wie Sie mit einem sicheren Schritt für Schritt System spielend leicht Ihre Lesegeschwindigkeit verdoppeln und Ihre Konzentration nachhaltig steigern

„Ein Muss für alle Wissensgierige!"

– Amazon Kunde

Wie Sie mit Hilfe einer effektiven Schritt für Schritt Formel Ihre Lesegeschwindigkeit verdoppeln und beim Lesen Zeit sparen!

Das Speed Reading Buch zeigt Ihnen einfache Praxis-Strategien auf, mit denen Sie Ihre Lesegeschwindigkeit verdoppeln und dabei Ihre **Konzentrationsleistung** nachhaltig erhöhen. Sehen Sie das Buch als das, was es ist: Ein sicheres **Schritt für Schritt System**, das aus Ihnen einen absoluten Speed Reading Profi machen wird. Dank diesem Buch werden Sie nie wieder kostbare Zeit verlieren!

ISBN: 978-1075798542

Matthias Brandt

Die Top Bestseller im Überblick

RHETORIK
Reden wie ein Profi

Wie Sie ein guter Redner werden, überzeugend auftreten und Ihre wahrgenommene Kompetenz durch erfolgreiche Kommunikation erhöhen

„Wichtiges Buch für ein erfolgreiches Leben."

– Amazon Kunde

Das Rhetorik Buch zeigt Ihnen, wie Sie dank einfacher Strategien Ihre Rede- und Überzeugungskünste verbessern.

Dieses Buch bietet Anfängern einen guten Start, um Kommunikation zu meistern. Auch aber bekommen Experten neue Einblicke in die Welt der Rhetorik, was dieses Werk zu einer absoluten **Standardlektüre** macht, wenn es um die Kunst der Rede geht. Damit auch Sie Ihre Interessen wirkungsvoll durchsetzen und Ihre Mitmenschen **nachhaltig für sich gewinnen.**

ISBN: 978-1728739243

Julius Loewenstein

Weitere Bücher von Kristin ...

EMOTIONALE INTELLIGENZ
Gefühle verstehen

Wie Sie mit Hilfe effektiver Methoden Gelassenheit lernen, Stress bewältigen, Menschen lesen und Schritt für Schritt Ihre Beziehung verbessern

★★★★★

„Öffnet einem die Augen, Dinge anders zu betrachten und zu handeln."

– Amazon Kundin

Wer heutzutage erfolgreich sein will, muss seine Emotionen verstehen und die Macht der emotionalen Intelligenz für sich beherrschen!

Dieser Ratgeber behandelt alles rund um das Thema Emotionale Intelligenz und zeigt Ihnen **unvorhergesehene Möglichkeiten** auf, wie Sie Ihre Gefühle und Gedanken miteinander in Einklang bringen und durch effektivere Kommunikation ungeahnte Lösungen für Ihren persönlichen Erfolg im Umgang mit anderen Menschen entdecken.

ISBN: 978-1698562346

Kristin Berger-Loewenstein

... und von Julius Loewenstein.

RHETORIK | SMALLTALK | SCHLAGFERTIGKEIT | SELBSTBEWUSSTSEIN

Das Große 4 in 1 Buch!

Wie Sie die Kunst der Kommunikation, der Körpersprache und selbstbewusstes Auftreten erfolgreich meistern

„Standardwerk für erfolgreiche Kommunikation - das wohl mächtigste Buch zum Thema.“

– Amazon Kunde

Das Große 4 in 1 Buch vom Bestseller-Autor Julius Loewenstein!

Dieser Klassiker umfasst die vier Dauer-Bestseller von Julius Loewenstein. In diesem Buch werden essenzielle Erfolgsstrategien gebündelt und **ungekürzt** in vollem Umfang wiedergegeben. Damit Sie das ganze Paket der Persönlichkeitsentwicklung für Ihren Erfolg aus einer Quelle beziehen und dabei kostengünstig auf wertvolles Praxis-Wissen zugreifen!

ISBN: 978-1073655007

Julius Loewenstein

Printed in Poland
by Amazon Fulfillment
Poland Sp. z o.o., Wrocław

51826041R00060